사람을
세우는
선교

**현지인 한 사람 멘토링하여
10년 만에 1,000교회 세운 이야기**

사람을 세우는 선교

현지인 한 사람 멘토링하여
10년 만에 1,000교회 세운 이야기

| 이현국 지음 |

쿰란출판사

추천의 글 1

인도에서 큰일을 행하시는 하나님

　제가 선교하는 유니온비전미션은 동아프리카에 3,000개 교회당과 300개 학교 설립 및 100만 구령의 비전으로 달려왔습니다. 그리하여 약 2,000개 교회당과 60여 개 학교를 세우고 수십만 명을 전도하는 큰일을 하나님이 행하심을 보았습니다. 그런데 우리와 비슷하게 인도에서 탁월하게 선교하는 목사님이 바로 부산 해운대의 운화교회 이현국 목사님입니다.

　이 목사님은 현지인을 멘토링하여 선순환의 모델로 계속 재생산하는 선교 전략을 실천하셔서 10년 만에 1,000개 교회를 세우셨습니다. 크신 하나님께서 선교의 열정으로 불타오르는 이현국 목사님을 통하여 2040년까지 인도에 1만여 교회를 세우시는 그날이 반드시 오기를 기도드립니다.

　성경적 선교 전략으로 인도에서 큰일을 행하시는 이현국 목사님의 선교 이야기가 이번에 책으로 발간되었습니다. 많은 사람이 이 책을 읽고 그 다음에 선교의 불길이 타올라 하나님의 소원인 선교에 동참하게 되기를 바랍니다.

김성관 목사
부산비전교회, 유니온비전미션 이사장

추천의 글 2

스노우폭스 김승호 회장이 쓴 《생각의 비밀》이라는 책에는 '프랑스에서 찾아온 여자, 중국에서 찾아온 여자'라는 제목의 이야기가 나옵니다.

프랑스 여성 켈리와 중국 여성 희선이 김 회장의 또 다른 책 《김밥 파는 CEO》를 읽고 사업을 가르쳐 달라며 찾아왔습니다. 그들은 한 달 동안 휴스턴 본사에서 교육을 받고 각자 고국으로 돌아갔습니다. 희선은 북경 근처에 슈퍼마켓을 열었고, 켈리는 프랑스에서 가장 큰 슈퍼마켓과 협상하여 매장을 열었습니다. 이후 희선은 매장을 10개까지 열었다가 현실의 벽에 부딪쳐 이를 넘지 못했으나 켈리는 프랑스를 넘어 유럽 전체에 매장을 빠르게 확장해 갔습니다. 그런데 김승호 회장은 이 두 사람에게 중요한 차이가 있었다고 말합니다. 즉, 희선은 사업을 배우려 했고, 켈리는 삶을 배우려 했다는 것입니다.

저는 이현국 목사님의 저서 《사람을 세우는 선교》를 읽으며 김승호 회장의 정신과 일맥상통한다고 생각했습니다. 사람이 되지 않았는데 돈을 주면 망하지만, 사람이 되었으면 사막에서도 일을 만들어 냅니다. 이현국 목사님은 이 사실을 일찍 터득하셨고, 이 원리를 선교에 적용하여 오늘의 열매를 거두셨습니다. 이제 더 큰 축복이 오게 될 것을 믿습니다. 한국 교회사에서 세계 선교의 한 획을 긋는 선교의 모델을 보게 되어, 제게는 숨겨진 보물을 발견한 듯한 시간이었습니다.

김용택 목사
온세계교회 원로목사

추천의
글 3

　동일한 언어를 사용하는 문화권에서도 복음을 전하고 교회를 세우는 일은 쉬운 일이 아니며, 더욱이 언어와 문화가 다른 지역에 복음을 전하고 교회를 세우는 것은 정말 어려운 일입니다. 그럼에도 선교는 예수님의 지상명령으로서 교회의 가장 중요한 사명입니다. 교회는 반드시 선교를 해야 하고, 21세기인 지금도 여전히 선교가 교회의 사명인 것은 변함이 없습니다. 그런 의미에서 이번에 선교에 대한 성경적인 새로운 대안을 제시하는 귀한 책이 출판된 것을 기쁘게 생각합니다.
　'어떻게 선교해야 영혼을 구원하고 교회를 세울 수 있을까?' 이것은 선교를 하고자 하는 선교사의 고민이자, 선교사를 보내는 교회의 질문이기도 합니다. 이에 대한 해답을 찾고자 한다면, 30년간 인도에서 선교하며 경험한 놀라운 이야기가 담긴 이 책, 이현국 목사님의 《사람을 세우는 선교》를 읽어 볼 것을 권합니다.
　첫 인도 선교의 실패를 거울삼아 10년 만에 1,000개의 교회를 세운 놀라운 선교 이야기에서, 저자는 선교의 방법은 역시 예수님의 제자훈련에서 찾을 수 있다고 가르쳐 줍니다. 즉, 선교에는 돈보다 사람이 중요하다는 것입니다. 한 사람을 예수님의 참된 제자로 세우는 것에서부터 선교가 시작된다는 것을 이 책은 잘 보여 주고 있습니다. 한 사람의 제자를 통해 인도에서 놀라운 하나님의 역사가 일어난 것입니다. 한 사람을 제자로 만드는 것에 목숨을 거는 것은 곧 예수님의 제자훈련 정신이며, 이는 선교에서도 동일하게 적용됨을 알 수 있습니다.
　《사람을 세우는 선교》는 '멘토링을 통한 제자 양육'의 중요성을 보여 주고 섬김, 전도, 제자훈련, 교회 개척, 신학 교육이라는 5가지 핵심 요소를 유기적으로 연결함으로 성경적인 새로운 선교 모델을 제시하는 귀한 책입니다.

선교를 꿈꾸는 선교사와 선교의 사명을 가진 모든 교회에 이 책을 필독서로 권유합니다. 선교에 대한 도전과 선교의 성경적 대안을 제공하므로 예수님의 지상명령인 선교의 사명을 능력 있게 잘 감당하는 데 큰 도움이 될 것을 믿으며 이 책을 적극 추천합니다.

김종혁 목사
명성교회, 대한예수교장로회(합동) 109회기 총회장

> 추천의 글 4

　현대 선교는 선교지의 현지인들이 스스로 교회를 세우고 선교할 수 있도록 세워 주는 것입니다. 아이가 성장하면서 스스로 설 수 있듯이, 교회나 선교지도 돌봄을 넘어서 스스로 서는 역사가 일어나야 합니다. 어머니의 계속된 돌봄 없이는 아이가 자랄 수 없다면 그 아이는 뭔가 문제가 있는 것입니다. 이처럼 우리의 선교도 여전히 산모의 역할에 머물러 있는 것은 아닌가 돌아볼 일입니다. 선교사나 한국 교회는 선교지의 교회와 지도자들의 산모가 아니라 산파가 되어 그들 스스로 하나님의 역사를 경험하도록 옆으로 비켜서야 할 것입니다.

　선교지가 자립, 자전, 자치의 능력을 갖추는 것은 매우 중요합니다. 초기 한국 교회는 어려운 상황이었지만 이 능력을 갖추도록 훈련을 받았습니다. 우리가 어려움을 겪었기에 선교지의 어려움에 긍휼의 마음을 갖는 것은 귀한 일입니다. 그러나 우리의 그러한 마음이 오히려 그들에게 독이 될 수도 있습니다.

　나는 저자가 오랜 선교의 열매를 찾지 못했을 때, 성경에서 다시 답을 찾아 말씀을 따라 제자를 키우고, 그들을 통해 교회를 세워 하나님 나라의 역사를 일으킨 그 현장의 중요한 증거로서 이 귀한 책을 기록했음을 확신하면서, 이 책이 이 마지막 시대에 선교의 귀한 표본으로 읽히기를 간절히 소원하며 강력히 추천합니다.

김찬곤 목사
안양석수교회, 전 총회세계선교회(GMS) 이사장(예장 합동)

추천의
글 5

    이 책의 가장 기본적인 주제는, 선교는 사람이라는 것입니다. 이는 선교의 본질을 너무나도 분명하게 말해 줍니다. 코헨신학대학의 코헨 박사도 '우리 학교는 사람을 찾아 제자로 삼고, 그 제자로 또 다른 제자들을 세우기 위하여 세워진 하나님의 학교이다'라고 말했습니다.
    이현국 목사님께서는 처음에 사람을 찾아 제자로 삼는 선교가 아닌, 선교비만 보내는 잘못된 선교를 통해 실패를 경험했습니다. 그러나 선교에서 가장 주목할 것은 바로 하나님의 사람을 찾아 제자로 삼고 훈련한 후에, 다시 선교사로 파송하여 그가 또 다른 제자들을 찾아 훈련하여 하나님의 사람으로 세우는 것임을 깨닫고, 이를 실행하여 큰 성과를 거두었습니다. 이것은 곧 바울이 지향한 선교의 핵심 내용을 이 시대에 적용한 것이라고 볼 수 있습니다.
    사도행전을 보면, 사도 바울이 새로운 선교지에 가서 하나님께서 예비한 사람들을 만나 제자로 삼고 교회를 세우고, 제자가 된 그들이 전도를 통해 새로운 제자를 삼음으로 각 지역마다 교회가 세워졌습니다. 반면 바울이 물질로 선교지에 교회를 세웠다는 기록은 전혀 찾아볼 수 없습니다. 또 각 지역에 교회가 세워질 때 바울이 그곳에 세워진 교회 건물을 말하지 않고 처음 만난 제자의 집에서 교회를 시작하였음을 알 수 있습니다.
    이 책에서 이현국 목사님께서는 피터 선교사를 만나면서 물질 중심의 선교를 버리고, 하나님의 사람을 찾아 제자를 삼고 그 제자는 또다시 다른 지역으로 가서 사람을 찾아 제자훈련을 통해 사람을 세우는 선교를 하게 되었다고 말합니다. 그러면서 그렇게 세워진 목회자가

1,000여 명이며, 그들이 각 지역에 1,000개의 교회를 세웠다고 증거합니다. 약 10년 만에 이런 놀라운 일이 일어난 것은 사람의 노력으로 된 것이 아니라, 하나님의 강력한 역사와 성령 하나님께서 직접 일하심의 결과라고 말할수밖에 없습니다.

이제 그 사람들을 통해 인도에 선교의 바람이 더 크게 불어 더 큰 선교가 일어날 것이라고 확신합니다. 이 책을 읽는 사람들은 참으로 놀라운 간증들을 통해 자신도 동일한 선교 사역을 해야 함을 재인식하고 결단하게 될 것입니다.

그런 의미에서 저는 이 책을 적극적으로 추천합니다. 실제로 이 책은 사도행전 29장의 역사를 보여 주는 듯합니다. 이제 우리도 선교는 사람을 세우는 것이라는 사실을 분명히 알고 하나님의 사람들을 세우는 일에 더욱 힘써야 할 것입니다.

김형종 목사
주엔교회, 코헨대학교 총장

추천의 글 6

　이현국 목사님께서 《사람을 세우는 선교》라는 제목의 책을 출간하신 것을 주님 안에서 축하드립니다. 먼저 이 책에서 '선교는 사람이다'라고 계속 강조하는 것에 깊이 공감합니다. 저 역시 제가 쓴 《주님이 꿈꾸신 그 교회》라는 책에서 부제로 '교회는 구원받은 성도, 즉 사람입니다'라고 했듯이, 국내 목회나 해외 선교를 통해 세워지는 교회에서 결국 최종 목표는 성도를 세우는 것이기 때문입니다. 그리고 우리 목회자와 선교사는 모두 이 사명을 위해 부르심을 받았습니다. 따라서 이 목사님의 책은 우리 교회와 선교가 가장 초점을 두고 힘을 가장 많이 쏟아야 하는 일이 무엇인지를 잘 인식하고 있다고 믿습니다.
　이 책에 소개된 인도 현지의 모든 교회와 우리 한국의 교회들이 하나님 안에서 하나의 공동체가 되어 온 세상을 예수 그리스도께로 인도하는 사명에 크게 쓰임 받기를 바라며, 모든 목회자와 선교사와 성도, 그리고 신학생도 일독해 보기를 강력히 권합니다.

박성규 목사
총신대학교 총장

추천의 글 7

　《퓨처 셀프》(Future Self)의 저자 벤저민 하디는 "미래에 대한 희망이 없다면 현재는 의미를 잃는다"라고 말했습니다. 대한민국과 한국 교회는 미래에 대한 희망이 있는가를 물으면 여러 가지 지표가 우리를 암울하게 하지만, 대한민국과 한국 교회에는 희망이 있습니다. 아직도 주님의 지상명령을 목숨처럼 여기는 목회자들이 있기 때문입니다. 운화교회 이현국 목사님이 그 대표적인 분이십니다. 이 목사님은 전도와 선교에 목숨을 건 분이십니다. 선교에서 실패를 경험하기도 했지만, 다시 성경으로 돌아가 주님의 방법대로 선교를 제 궤도에 올려놓으셨습니다.
　"돈이 먼저가 아니다. 시스템이 먼저가 아니다. 사람이 먼저다!"
　주님의 방법대로 제자를 키운 것이 신의 한 수였습니다. 한 사람을 제대로 키우고 멘토링했더니 놀라운 역사가 일어났습니다. 사도행전적 부흥이 인도에서 일어난 것입니다. 훈련된 사람을 통해 봉사, 전도 제자훈련, 교회 개척, 신학교까지 모두 하나로 이어지는 사역 모델이 개발된 것입니다. 이 모델을 이 책에서는 '선순환 사역 모델'이라고 부릅니다.
　선순환적 사역 모델을 통해 인도에 하나님의 나라가 임하게 될 줄 믿습니다. 이런 귀한 모델이 조국 교회에도 다시 접목되어 선교 한국, 열방의 빛 된 교회가 되길 소망해 봅니다. 미래에 대한 희망은 현재의 삶을 풍요롭게 합니다. 이 귀한 책이 교회와 목회자들에게 희망의 불꽃을 지피길 기도합니다.

박윤성 목사
기쁨의교회, 총회 교회자립개발원 이사장(예장 합동)

추천의
글 8

참으로 놀라운 하나님의 역사를 보게 되어 너무나 감격적입니다. 《사람을 세우는 선교》는 하나님께서 우리에게 주신 또 하나의 소중한 선물입니다. 나는 이 책을 읽으면서 이현국 목사님의 경험이 한국 교회의 큰 보물처럼 느껴져 하나님께 깊은 감사를 드렸습니다. 아무쪼록 이 책을 통하여 많은 목회자와 선교사, 사역자들이 깊은 통찰과 큰 도움을 얻길 기도합니다.

이현국 목사님은 DNA(Disciple Nations Alliance. 주님의 지상명령(마 28:18-20)을 실천하는 '나라와 민족을 제자 삼는 운동(연합)'이라는 의미, 한국DNA협의회 홈페이지 www.dnakorea.org 참고) 공동 설립자이신 밥 모피트(Bob Moffitt) 목사님과 대로우 밀러(Darrow Miller) 목사님이 강사로 섬기신 DNA 비전 콘퍼런스 후에 세워진 한국DNA협의회(2003)의 설립 멤버이십니다. 그후 세계 여러 나라에서 개최된 DNA 훈련과 포럼에 함께 참여하셨고, 현재 목회하시는 운화교회는 DNA 모델 교회로서 지금까지 DNA 사역의 중요한 책임을 감당해 오고 있습니다. 한 사람을 멘토링하여 10년 만에 1,000개 교회를 세우게 된 놀라운 역사는 전적인 하나님의 은총이지만, 몇 가지 점에서 이현국 목사님의 신앙적 바탕과 열정 및 헌신의 열매이기도 합니다.

첫째, 목사님의 사역과 삶에는 튼튼한 기초가 있었다는 점입니다. 즉, 시골 농촌에서의 헌신적 목회 경험과 빈민촌에서 사랑으로 섬겼던 목회 경험이 이후 사역의 토대가 된 것입니다.

둘째, 목사님은 끊임없이 열심히 배우는 열린 분이라는 점입니다. 건강한 교회를 배우기 위해 목사님과 함께 세계 여러 지역을 다니며 그러한 교회들을 탐방하였던 기억이 지금도 생생합니다.

셋째, 성경적 교회론과 사역 철학이 분명하다는 점입니다. 목사님은 교회를 '지역사회를 섬기는 공동체'로 보셨으며, 또한 주님의 지상 명령과 바울의 사명 선언을 사역 철학의 근간으로 삼으셨습니다.

넷째, 특별히 목사님은 심각한 시행착오를 겪으신 후, 실패에 대한 자기 성찰과 고뇌에 찬 기도를 통해 깨우침과 성경적 해답을 발견하고 그에 따른 지속적인 실천을 하셨다는 점입니다.

다섯째, 목사님은 무엇보다 하나님의 인도하심을 따라 피터 티우마이라는 잘 준비된 한 사람의 제자를 발견하고 그를 선택하여 꾸준히 멘토링함으로써, 그를 통해 '제자 삼는 제자'를 계속 재생산하게 되는 놀라운 열매를 맺게 되었다는 점입니다.

손훈 목사
영화교회 원로목사, 한국DNA협의회(DNA Korea) 회장

> 추천의
> 글 9

　예수 그리스도께서 이 세상에 오셔서 세운 유일한 기관은 학교도, 병원도, 은행도, 방송국이나 신문사도, 정부도, 법원도, 국회도 아닙니다. 교회입니다. 그래서 예수께서는 '내 교회'(τὴν ἐκκλησίαν μου, 나의 그 교회)라고 분명하게 자기의 독점적인 소유권을 밝히셨습니다. 그리고 예수께서는 음부의 권세가 교회를 결단코 이기지 못하게 하셨고, 교회에만 유일무이하게 천국의 열쇠를 주셨습니다. 물론 교회는 (로마 가톨릭의 주장처럼) 천국이 아닙니다. 그럼에도 교회는 항상 하나님 나라가 실현되는 핵심이 됩니다.

　선교는 예배와 함께 천국의 열쇠를 받은 예수 그리스도의 교회의 두 기둥입니다. 예배가 없기 때문에 선교가 존재합니다. 바른 예배를 드리는 사람이 없기 때문에 전도하고 선교하는 사람이 반드시 필요한 것입니다. 선교는 그 자체가 결코 목적이 아닙니다. 선교의 목적은 예배입니다. 그러나 바른 선교가 없다면 온 세상은 우상 숭배로 가득 찰 것입니다. 왜냐하면 사람의 마음은 우상을 만들어 내는 우상 공장이기 때문입니다.

　하나님께서는 말씀과 성령으로 통치하시므로, 교회가 하나님의 말씀을 바르고 깊고 풍부하게 선포할 때 하나님 나라가 그 안에서 잘 실현됩니다. 지금도 아벨의 피는 복수와 징벌을 부르짖지만, 예수님의 피는 은혜와 용서를 말합니다. 이 큰 기쁨의 좋은 소식인 복음은 오늘도 '사람들'을 통해 역사 속에서 중단 없이 전개되며 성취되고 있습니다. 그러나 문제는 항상 별수 없는 사람입니다. 그리고 그 해답 역시 그 별수 없는 사람의 다시 태어남에 있습니다.

모든 섬김과 선교는 십자가의 형상을 지니고 있습니다. 여기에 저자 이현국 목사님의 삶과 사역의 진면목이 투영되고 있습니다. 열매로 그 나무를 알 수 있다고 하신 예수님의 말씀처럼, 선교는 사람입니다. 예수의 위격과 사역처럼 한 사람 한 사람에게 집중만 한다면, 하나님께서는 구원받는 사람들인 열매도, 필요한 모든 재정도 끊임없이 넘치도록 덤으로 주십니다. 그래서 모든 사람이 구원을 받고 진리를 알도록 해주시는 예수의 방식으로 사람을 세우는 것이 핵심입니다. 무엇보다 사람을 잘 선택하고, 올바로 세워 사역할 때 비로소 성공적인 결과를 얻을 수 있다는 점을 강조하고 싶습니다.

이 추천사로 한국 교회의 숨은 보석, 거룩함을 향한 뜨거운 열정의 저자 이현국 목사님의 민족과 세계 복음화를 위한 진솔한 절규와 발자취를 가감 없이 그대로 담아내 주고 싶을 뿐입니다.

신현필 목사
임마누엘교회, GAP(Global Assistance Partner) 국제 공동대표,
한국 오픈도어(Open Doors) 공동대표

추천의
글 10

　사랑하는 이현국 목사님과 운화교회 성도님들의 선교의 간증을 모아 놓은 이 책은 살아 계신 예수님의 선교의 증언입니다. 예수님의 제자 된 운화교회가 선교지에 운화교회와 같은 교회들을 세우고, 이 목사님이 이 목사님 같은 목사들을 만들고, 운화교회가 하는 일들을 선교지에서도 하는 것이 성경적 선교의 모범입니다.
　이 목사님과 운화교회의 선교는 복음을 전하고 제자를 만들라는 예수님의 명령에 순종한 선교의 모본입니다. 좋은 목사가 선교지에서 좋은 목사를 만들고, 좋은 교회가 선교지에서 좋은 교회를 세웁니다. 한국 교회가 선교하는 모든 선교지에서 이 목사님과 운화교회의 선교의 열매 같은 좋은 교회들과 일꾼들이 많이 세워지기를 소원합니다.

안강희 선교사
미전도종족개척 코디네이터

> 추천의 글 11

　신실한 이현국 목사님께서 귀한 저서 《사람을 세우는 선교》를 출판하게 된 것을 축하합니다. 책의 내용을 살펴보면 이 목사님은 목회와 선교에 열정을 가진 목회자이신 것을 금세 알게 됩니다. 주님께서 기뻐하는 선교에 관심을 갖고 사역한다는 것은 분명 주님께 칭찬받을 일입니다. 이 목사님은 선교하면서 어려움도 있었지만, 잘 인내하고 주님이라면 어떻게 선교했을까 생각하며 주님의 심장을 가지고 사역했습니다. 그리고 사람을 세우고 한 영혼을 사랑하는 관계 중심의 사역에 집중했습니다.

　목사님은 재정보다 오직 주님만 바라보며 사역함으로 수많은 기적을 체험했습니다. 이 책은 선교와 목회는 주님이 하신다는 것을 분명히 보여 주는 살아 있는 간증입니다. 학문적으로 잘 정리된 내용입니다. 영성과 지성이 넘치며, 선교 현장에 적용되는 글입니다. 구체적이고 섬세한 내용으로 독자들에게 큰 유익이 있으리라 확신합니다. 사람을 세우는 관계가 잘되면 목회, 선교, 개척 교회도 성장합니다. 수많은 기적을 체험하고 살아 있는 간증을 기록한 책이므로 다시금 추천합니다.

양대식 목사
진주성남교회, 총회세계선교회(GMS) 이사장(예장 합동)

추천의
글 12

　이현국 목사님의 《사람을 세우는 선교》는 한 사람의 하나님께 대한 순종과 하나님과의 동행이 어떻게 복음의 공동체를 일구어 가는지를 보여 주는 귀한 책입니다. 한 사람의 멘토링을 통해 1,000개의 교회를 세운 것은 선교가 결국 사람을 세우는 일임을 상기하게 합니다.

　30여 년의 목회와 선교 여정에서 이현국 목사님이 깊이 고뇌하며 붙들었던 선교의 본질은 '제자를 세우는 제자'라는 영적 재생산의 원리였습니다. 예수님께서 걸으셨던 길, 바울이 생애 끝자락까지 붙들었던 그 제자훈련의 길을 인도 선교지에서 적용하였고, 그 순종의 걸음은 10년 만에 1,000개 교회가 세워지는 풍성한 열매로 이어졌습니다.

　이 책은 성경적 원리가 실제 선교 현장에서 어떻게 파종되고 열매 맺는지를 보여 주는 생생한 기록이자, 선교에 대한 근본적인 질문을 던지게 합니다. 지금 한국 교회는 세계 선교의 마무리를 위해, 'Fast Follower'를 넘어 'First Mover'로서의 사명을 감당해야 할 중대한 전환점에 서 있습니다. 이러한 때에 《사람을 세우는 선교》는 우리가 무엇에 집중하고 어떤 방향으로 나아가야 할지를 분명하고도 담담하게 제시합니다.

　이 책의 페이지를 넘기다 보면, 선교를 준비하는 이들에게는 방향을 제시하는 이정표가 되고, 현장 사역자들에게는 실제적인 격려가 되며, 다음 세대를 준비하는 교회들에는 선교의 사명을 되새기게 할 것입니다. 예수 그리스도의 재림을 기다리며, 땅끝까지 복음을 전하고자 하는 모든 이에게 기쁘게 일독을 권합니다.

오정현 목사
사랑의교회, 국제제자훈련원 원장, 숭실대학교 이사장

추천의 글 13

지상에 존재하는 모든 교회는 본질적으로 선교지향적 교회(Missional Church)입니다. 본서를 쓰신 이현국 목사님께서는 교회의 존재 이유를 실현하시기 위하여 여러 해 동안 온몸을 던져 오신 목회자입니다. 실상 한 지역교회에서 목회하다 보면 목회의 구심력으로 인하여 선교의 원심력을 상실하는 일이 비일비재합니다. 그런데 목사님께서는 목회에도 열정을 쏟으실 뿐 아니라 선교에도 최선을 다하셨습니다. 본서의 제목 《사람을 세우는 선교》(현지인 한 사람 멘토링하여 10년 만에 1,000교회 세운 이야기) 자체가 매우 도전적입니다.

내용 또한 치열합니다. 선교 현장의 우여곡절을 비롯한 고뇌했던 시간이 인상 깊게 다가옵니다. 동시에 은혜로우신 주님께서 선교하는 목회자에게 선물하시는 남다른 감격과 기쁨 또한 절절한 표현으로 기록되어 있습니다. 이러한 배경을 바탕으로 본서는 이현국 목사님께서 경험하신 목회행전이며 선교행전이기도 합니다. 본서를 손에 든 동역자들에게는 한없는 공감을, 후배 목회자들에게는 선교에 몸부림치는 선배 목회자의 거룩한 민낯을 제공할 것입니다.

오직 주님 사랑의 순애보로 기록된 본서가 이 목사님께서 목회하시는 운화교회 믿음의 가족들에게 큰 기쁨과 위로의 메시지가 될 줄로 확신합니다. 부디 사람을 세우는 소중한 일이 독자분들께도 계승되기를 소망합니다.

오정호 목사
새로남교회, 대한예수교장로회(합동) 108회기 총회장

추천의 글 14

먼저, 이현국 목사님께서 목회로 바쁘신 중에도 인도 선교에 대한 귀한 경험을 책으로 출간하신 것을 축하드립니다.

일전에 CTS 기독교 TV "열방을 향하여"라는 프로그램에서 한 분이 "선교가 무엇입니까?"라고 물었을 때, 저는 "선교는 사람입니다"라고 대답했습니다.

이 교훈은 지난 30여 년 이상 이슬람권에서 사역하고, 한 사람의 영혼을 하나님께 인도하기 위해 이슬람을 연구하면서 깨달은 것입니다. 기독교 문명과의 충돌이 일어나는 이슬람권에서의 사역은 영적인 전쟁터와 같습니다. 이런 지역에서 한 사람을 그리스도께로 인도한다는 것은 쉬운 일이 아니며, 그 결과 얻어지는 한 영혼은 매우 소중하고, 그렇게 얻은 한 사람을 제대로 된 제자로 세우는 것 역시 힘든 여정을 수반합니다. 이런 과정에서 '선교는 사람이다'라는 점을 몸으로 배우게 됩니다.

그렇게 깨달은 교훈을 본서 역시 강조하고 있습니다. 이 책은 제가 사역했던 이슬람권과는 전혀 다른 인도권의 선교 상황에서 일어난 일을 다루고 있지만, 동일한 선교의 본질을 발견했다는 점에서 이 목사님의 안목과 깊이 교감하게 됩니다.

이런 면에서, 해외 선교에 대한 비전을 가지고 있거나, 선교를 준비 중인 후보생들뿐 아니라, 현재 해외 선교에 동참하고 있는 모든 교회의 목사님들과 성도님들께서 이 책을 꼭 읽어 보시길 권합니다.

유해석 목사
총신대학교 교수(선교학), 이슬람대책위원회 전문위원(예장 합동)

추천의 글 15

　대부분의 교회가 선교에 관심을 갖고 나름대로 헌신합니다. 특히 한국 교회의 선교 열정은 귀합니다. 그러나 선교에서 시행착오가 많은 것도 사실입니다. 전통적 방식의 선교는 빠른 외적인 결과를 얻고자 하거나 건물 중심의 선교를 할 때가 많았습니다. 그동안의 선교는 하드웨어 중심의 선교였습니다. 쏟아부은 에너지에 비해 열매가 적었습니다.

　이현국 목사님은 성경적 선교를 위한 고민 속에서, 현지인을 그리스도의 제자로 세우는 사람 중심의 재생산적인 교회를 세우는 일에 몰두해 왔습니다. 지난 30년간 본질적인 선교에 집중함으로 좋은 모델을 만들어 낸 생생한 기록이 이 책에 소개되어 선교에 관심이 있는 목회자들과 성도들에게 길라잡이가 되리라 여겨 추천합니다.

이규현 목사
수영로교회, 부산성시화운동본부 이사장

추천의
글 16

한국 교회는 2025년 선교 140주년을 맞이하여 다양한 행사를 하고 있습니다. 1885년 부활절 아침 언더우드 선교사와 아펜젤러 선교사가 제물포항에 도착하여 이 땅을 복음의 빛으로 비추기 위해 교회를 세우고, 미래를 준비하기 위해 학교를 세웠으며, 헐벗고 가난한 이들을 위해 병원을 세워 이 땅을 새롭게 하였습니다.

세계 기독교 역사상 가장 눈부신 부흥과 성장을 이룩한 한국 교회는 받은 은혜를 다시 전하기 위해 미전도 지역에 수십만 명의 선교사를 보내 교회를 세우고, 학교 교육 사역을 감당하였습니다. 한국 교회가 선교를 시작한 지 벌써 50년이 지나 각 선교지에서 많은 선교의 열매를 거두었다고 평가할 수 있습니다.

그런데 1세대 선교사들이 은퇴하는 시기가 되면서 선교지에서 여러 가지 문제가 발생하고 있습니다.

이즈음에 이현국 목사님의 저서 《사람을 세우는 선교》는 타는 목마름 속의 단비처럼 선교의 새로운 지표를 제시하고 있습니다. 이 목사님은 열정은 있었지만 막연한 방법으로 선교를 시작하여 실패한 경험을 서두에서 아주 솔직하게 기술하고 있습니다. 그는 스스로 선교 실패라고 언급하였지만, 그와 운화교회 성도들의 기도와 열정은 새로운 미래 선교를 여는 동기가 되었을 것입니다.

그가 성경에서 찾은 선교 방법은 마태복음 28장 19-20절에서 예수께서 말씀하신 지상명령, 결국 '제자'를 세우는 일이었습니다. 그리고 그는 실제로 현지인을 멘토링하여 예수님의 제자가 되게 하고, 그 현지인은 또 다시 다른 이들을 제자로 세우며 인도 현지에서 여러 교회를 세워

나갑니다. 이로써 교회의 수많은 성도가 제자가 되는 열매를 거두었습니다. 이제 그는 '선교는 사람이다'라고 주장하면서 결국 선교는 사람을 세우는 일, 곧 예수 그리스도의 제자를 세우는 것이라고 천명하며 오랫동안 묵묵히 제자를 세운 결실을 책으로 엮어 현지인 선교에 대한 귀한 방법을 우리에게 소개합니다.

　나는 기독교대한감리회 교단장으로 4년의 임기를 역임하며 해외 선교에 대한 패러다임의 전환이 필요하다고 생각해 왔습니다. 나아가 해외 선교에 열정을 다하고 있는 순수 복음방송 CTS기독교TV의 공동대표로서 현지 선교에 대한 고민의 해답을 어쩌면 이 책이 가지고 있을지도 모른다고 생각합니다. 선교 정책을 수립하고 실행하는 각 교단의 선교 실무자들과 신학교에서 선교학을 가르치는 교수들에게, 그리고 지금 해외 선교 현장에서 수고하며 애쓰는 선교사들과 특별히 해외 선교를 준비하고 있는 선교사 지망생들에게 이 책은 원론적인 선교 방향을 제시하는 좌표가 될 것으로 생각하여 적극 추천하는 바입니다.

이철 목사
기독교대한감리회 직전 감독회장, CTS기독교TV 공동대표이사

추천의
글 17

이현국 목사님과는 미래 자립 교회 지원과 관련하여 전화로 첫 만남을 가졌습니다. 총회 관련 기관의 이사장으로서 어떻게 어려운 교회를 도우려고 하는지 그 비전을 듣고 싶어 먼저 연락을 드렸습니다. 그런데 뜻하지 않게 그의 입에서 인도 선교와 관련된 긴 간증을 듣게 되었습니다. 내용은 책 제목 그대로 사람을 세우는 선교에 관한 것이었고, 현지인 한 명을 멘토링하여 10년 만에 1,000교회를 세우게 하신 하나님의 역사를 열정적으로 소개했습니다.

한국의 이현국 목사님과 인도 나가족 피터 티우마이 선교사의 만남을 통한 역사는 성령께서 행하시는 하나님 나라의 생생한 이야기 그 자체였습니다. 이는 하나님 나라를 꿈꾸는 모든 사람에게는 물론 목회자와 선교사를 망라한 사역자 모두에게 가슴 뛰게 하는 소식이 될 것입니다. 이처럼 놀라운 일을 행하신 주님을 찬양합니다. 그리고 이 일에 귀하게 쓰임 받은 이들에게 격려와 축하를 보냅니다.

장봉생 목사
서대문교회, 대한예수교장로회(합동) 110회기 총회장

추천의 글 18

제가 목회를 하기 이전에 이현국 목사님의 《사람을 세우는 선교》를 먼저 읽었더라면 하는 생각이 듭니다. 저도 선교를 교회의 핵심 사역 중 하나로 여겼기에 교회도 세우고 신학교도 세웠습니다. 그러나 처음 가진 목표처럼 되지는 않았습니다.

이 책을 읽으면서 줄곧 선교의 열정보다 먼저 하나님께서 붙여 주시는 사람을 잘 훈련시켜 먼저 제자로 세우고, 또한 그와 함께 선교의 비전을 나누며 선교했더라면 하나님의 나라 확장에 더 유익하지 않았을까 하는 생각이 들었습니다.

한국의 수많은 교회가 선교를 하고 있지만 가장 이상적인 방법은 예수님과 바울 사도가 한 대로 하는 것입니다. 사실 이현국 목사님께서는 초기에 열정적으로 선교하시다가 실패했습니다. 그러나 실패를 거울삼아 예수님께서 열두 제자를 세우신 방법대로 실행하여 좋은 결과를 얻으셨습니다.

한편 《사람을 세우는 선교》에서 인도의 피터 티우마이 선교사를 중심으로 인도 선교의 한 역사가 기록되어 가는 것이, 마치 우리나라에 처음 복음이 들어왔을 때 선교사들이 사람들을 세우고 신학교를 통해 사람을 양육하여 한국이 세계적인 복음국이 된 역사와 비슷한 듯합니다.

이 책을 신학교에서 선교학을 가르칠 때 교재로 사용한다면, 이론보다 실제 사례가 풍부하므로 신학생들에게 좋은 선교 실전을 학습할 수 있는 계기가 될 것을 확신합니다.

정영진 목사
갈릴리교회, 부산기독교총연합회 대표회장

추천의 글 19

존경하는 이현국 목사님은 목회와 선교의 핵심가치가 무엇인지 본서를 통하여 강조하고 동시에 오늘날 교회가 회복해야 할 본질적 사명을 다시금 일깨워 주고 있습니다. 목회와 선교의 핵심은 전략이나 프로그램이 아니라, 한 영혼을 향한 구령의 열정과 제자화를 통한 복음적 재생산이라는 사실을 저자는 명확히 보여줍니다. 이는 곧 모든 그리스도인들은 Missio Dei(하나님의 선교)의 역사 속에서 우리 모두가 하나님께서 일하시는 선교의 통로가 되어야 함을 의미합니다.

특별히 이현국 목사님과 그의 제자들을 통하여 인도 땅에 10년 만에 1,000개의 교회가 개척된 놀라운 사건은 단순한 성과 보고가 아니라, 성령께서 친히 주도하신 선교적 부흥(Missional Revival)의 현장입니다. 또한 사도행전의 역사가 오늘날에도 동일하게 재현될 수 있음을 선언하고 있는 것입니다. 이는 곧, 제자 삼는 삶(Discipleship)과 교회 개척(Church Planting)이 결합될 때, 복음은 민족과 열방 가운데 놀라운 결실을 맺는다는 사실을 증거합니다.

이 책은 오늘날의 독자들에게 단순히 선교의 이론을 전달하는 것이 아니라, 실천적 제자화와 선교적 교회의 모델을 제시합니다. 《사람을 세우는 선교》를 접하는 모든 이들이 복음의 불씨를 다시 붙잡고, 한 영혼을 위한 열정으로 제자를 세우며, 교회를 개척하는 하나님의 선교(Missio Dei)에 헌신하게 될 것입니다. 특별히 선교적 교회를 꿈꾸는 목회자들과 선교사로 훈련되기를 원하시는 분들에게 강력 추천합니다.

황성은 목사
오메가교회, 비전스테이션 미니스트리 대표

추천의
글 20

20여 년의 실패 후 깨달은 하나님의 선교 비법

우선 평소 존경하던 이현국 목사님이 《사람을 세우는 선교》라는 책을 펴낸다는 소식에 축하를 보냅니다. 이 책은 20여 년의 인도 선교 실패 후 깨달은 하나님의 선교 방법, '사람을 세우는 선교 비법'을 소개합니다. 실제로 현장에서 뛰며 얻은 값진 체험담입니다. 그는 나가족 피터 티우마이 선교사 한 사람을 키우는 일에 전념한 결과, 2024년에 1,000여 명 이상의 제자와 1,000여 개의 교회가 세워졌다고 증언합니다.

나는 이 목사님의 성공 요인을 이렇게 요약합니다.

첫째, 선교학적으로 예수님과 바울이 1명의 제자를 귀하게 여겼듯이 이 목사님은 한 사람을 제자 삼는 일을 중요하게 여겨 이에 성공한 것입니다. 이것은 아무나 할 수 있는 것이 아닙니다. 이 목사님 자신이 현지인을 가르칠 만한 멘토의 자격이 있기에 가능했습니다. 본서 전반에서 소개하는 주제마다 그에 따른 촘촘한 논리 전개가 그것을 입증합니다. 따라서 이 책은 선교사에게만이 아니라 교회 개척 교과서로도 매우 유용할 것입니다.

둘째, 신학적으로 이 목사님은 하나님만 의지하고, 말씀과 성령님의 사역에 집중했기 때문에 이러한 성공이 가능했다고 봅니다. 목사님은 매우 이지적인 엘리트이신데도 특히 성령 사역에 매진하고 있습니다. 인도의 현지 신학교 커리큘럼 중 30퍼센트가 기도와 전도에 할애된 것이 이를 입증합니다.

셋째, 인성 교육학적으로 이현국 목사님은 보기 드문 인성을 갖춘 신실한 목회자입니다. 그러한 목사님에게 하나님이 인성이 바른 현지인을 만나게 했기에 이런 성공이 가능했다고 생각합니다.

마지막으로 쉐마 교육 학자로서 당부하고 싶은 것이 있습니다. 나는 인도 현지 교회들이 사도행전의 초대교회나 유럽 교회처럼 사라지지 않고 계속 살아남아, 지금의 운화교회와 함께 주님의 재림을 준비하는 교회들이 되기를 소원합니다. 그렇게 만들 수 있는 방법은 이 목사님 자신이 너무나 잘 알고 있습니다. 나의 40여 권의 책을 정독하고, 쉐마 목회자 클리닉을 여덟 번이나 반복하여 듣고, 그것을 교회에서 실천하여 많은 열매를 맺고 있기 때문입니다. 그것이 바로 유대인을 모델로 한 구약의 지상명령인 쉐마, 즉 수직 선교입니다. 지금까지 신약의 지상명령인 수평 선교에 헌신했다면, 다음 번 책에는 선교지에 'K-쉐마'(유대인의 쉐마를 한국인에게 맞는 쉐마로 바꾼 것)를 전파했더니 'I-쉐마'(유대인의 쉐마를 인도인에게 맞는 쉐마로 바꾼 것)의 열매가 맺혔다는 소식이 전해지기를 소원합니다. 이것이 하나님이 이 목사님에게 주신 영광스러운 마지막 미션이 될 것입니다.

현용수 교수
쉐마교육연구원 원장, 전 서울교대 초빙교수

책을 내면서

10년 만에 1,000개 교회 개척이 과연 가능한가? 주위 분들이 저에게 이런 질문을 여러 번 했습니다. 물론 이것이 하루아침에 일어난 일은 아닙니다. 순탄하게 진행된 것도 아닙니다. 어려움이 있었고 좌절도 있었습니다. 그럼에도 하나님은 그 모든 과정에 함께하셔서, 모든 것이 합하여 선을 이루게 하셨습니다.

이 책은 제가 인도의 현지인 한 사람과 시작하여 일어났던 일에 대한 것입니다. 제가 그를 처음부터 멘토링했고, 그가 저의 멘토링에 따라 충실하게 실천한 결과 10년 만에 1,000개 교회를 개척한 과정에 대한 이야기입니다. 혹자는 한국에서 지원한 선교비로 그 많은 교회를 개척한 건 아닌가 하고 묻기도 합니다. 아닙니다. 현지인 사역자와 그가 훈련시킨 제자들 스스로 이루어 낸 일입니다.

저는 30여 년 전인 1993년에 처음으로 인도 선교에 참여했습니다. 그러다가 20년이 지난 2013년도에 들어 깊은 고심에 빠졌습니다. 선교하는 교회에 중점을 두고 목회해 왔는데 그 선교에 실패했기 때문입니다. 처음에 함께 시작했던 현지인을 믿고 신학교를 건축하고 운영하며 교회당을 짓는 데 중심을 두고 매년 거의 1억 원을 후원했지만, 정작 선교 현지에서는 제자와 교회가 제대로 세워지거나 재생산되지 않았습니다. 심지어 현지인 동역자가 재정을 유용하기도 했습니다.

어떻게 해야 할지 막막했습니다. 제가 목회하는 운화교회 성도들에게 선교를 위해 재정적으로 헌신하도록 그토록 강조했건만 정작 내놓을 만한 열매가 없었습니다. 처음 시작했던 현지인과의 관계를 정리한 후, 3개월 정도 고심하면서 무엇이 잘못되었는가를 돌아보면서 그동안의 선교를 점검해 보았습니다. '주위의 다른 교회들이 하는 대로 막연히 따라 했구나', '현지인 선교사에게만 맡겨두고 관리를 제대로 안 했구나' 하는 것을 깨달았습니다.

성경을 다시 읽었습니다. 성경에 어떻게 바꿔야 할지 답이 있었습니다. '예수님께서는 어떻게 하셨지?' '사도 바울은 어떻게 선교했지?' 답은 복음서와 사도행전과 서신서에 있었습니다. 예수님은 열두 제자를 세우는 데 모든 사역의 중점을 두셨고, 사도 바울은 30명 내지 40명의 제자를 세우고 교회를 개척하고 세우는 데 중점을 두었습니다. 예수님은 열두 제자를 세워 전 세계의 복음화를 꿈꾸셨습니다. 그리고 승천하시기 직전에 주신 지상명령에서 이렇게 말씀하셨습니다.

"그러므로 너희는 가서 모든 민족을 제자로 삼아 아버지와 아들과 성령의 이름으로 세례를 베풀고 내가 너희에게 분부한 모든 것을 가르쳐 지키게 하라 볼지어다 내가 세상 끝날까지 너희와 항상 함께 있으리라"(마 28:19-20).

사도 바울은 1차 선교여행에서 바나바와 선교팀을 이루고, 2차와 3차는 실라와 누가와 선교팀을 이루어 지중해 연안의 수리아, 튀르키예, 마케도니아, 그리스, 로마 등 여러 지역에 제자를 세우고 교회를 세웠습니다. 두란노서원과 같은 신학교를 제자훈련센터로 운영하여 하나님의 말씀으로 무장되고 성령 충만한 제자들을 세웠고, 이들은 나가서 다른 제자들을 재생산했습니다. 바울은 이들이 있는 곳에 가서 이들을 만나 멘토링하고, 못 만나는 이들에게는 돌봄 편지, 양육 편지, 문제 해결 편지를 보내 멘토링했습니다. 또 자신이 방문했던 교회를 재방문하면서 제자를 세우며 멘토링했습니다. 로마에서 마지막 순교 직전에는 디모데에게 편지하면서 일종의 사명선언문을 주었습니다.

> "내 아들아 그러므로 너는 그리스도 예수 안에 있는 은혜 가운데서 강하고 또 네가 많은 증인 앞에서 내게 들은 바를 충성된 사람들에게 부탁하라 그들이 또 다른 사람들을 가르칠 수 있으리라"(딤후 2:1-2).

2013년 당시 선교에 대한 깊은 고심을 하던 중 제가 성경을 따라 제대로 일하지 못했음을 깨달았습니다. 재정보다 더 중요한 것은 사람을 세우는 일임을 다시 확인했습니다. 제가 그동안 선교 동역자인 인도의 현지인을 제대로 제자로 삼지 못했음을 알게 되었습니다. 물론 그전에도 제자를 세우는 방식으로 해야 한다는 것을 어느 정도는 알고 있었지만 온전히 집중하지 못했던 것입니다.

'그래, 이제부터 재정보다 하나님을 온전히 의지하자. 그리고 사람 곧 제자를 세우는 데 집중하자. 그러면 재정은 나중에 따라올 것이다.'

이에 대해 새롭게 확신하게 되었습니다.

이때부터 저는 인도 나가족인 피터 티우마이 선교사와 새로 사역을 시작하기로 했습니다. 그와 함께 제자를 세우는 원리를 따라 사역하기로 약속하고, 재정보다도 하나님을 먼저 의지하자고 했습니다. 복음을 전하고 제자를 세우면 하나님께서 필요한 재정은 주실 것이라는 믿음을 갖고, 그에게 무엇보다 먼저 제자를 세우는 제자를 양육하도록 계속 권면하며 멘토링하기 시작했습니다.

그 결과, 2024년에 이르러 피터 선교사를 통해 현지에 1,300여 명의 제자와 1,000개 이상의 교회가 세워졌습니다. 이는 전적인 하나님의 은혜요, 사람을 세우는 선교의 열매입니다. 사실 이런 열매는 예수님께서 하신 대로 제자를 삼고, 사도 바울이 하던 대로 사람을 세워 제자와 교회를 계속 재생산하는 모본을 따른 것입니다. 그래서 선교 현장에서 만들어진 이런 모델을 여러 교회들과 공유해서 세계 선교에 조금이나마 도움이 되었으면 하는 마음에서 이렇게 책으로 만들게 되었습니다.

　이 책은 성경대로 선교하고자 하는 교회의 목회자와 평신도들에게 큰 도움이 될 것으로 생각합니다. 그리고 선교지에서 선교를 잘하시려고 수고하시는 선교사들에게도 좋은 참고가 될 것입니다. 예수님께서 하신 대로, 사도 바울이 한 대로 지역사회를 섬기며, 전도하고 제자를 세우면서 교회를 세우고, 현장 중심으로 실천하는 신학교를 세워서, 온 세상에 신속하게 복음이 전해져 예수님이 속히 오시길 기대해 봅니다.

　끝으로 선교 현장에서 풍성한 열매를 맺기까지 인내하면서 기도와 재정으로 헌신하고 선교에 동참하신 운화교회 장로님들과 성도님들에게 무한히 감사드립니다. 멘토에게 전적으로 순종하여 사람을 세우는 선교에 헌신하고, 제자를 재생산하여 10년 만에 1,000개 교회를 실제로 세운 피터 티우마이와 부인 킴네이템 선교사 부부에게 진심으로 감사드립니다.

　그리고 함께 동역하며 원고를 정리해 주신 민요섭 선교사님에게 깊이 감사드립니다. 또한 곁에서 늘 기도하고 격려해 준 아내와 사랑스런 두 딸과 사위 목사에게도 감사드립니다.

운화교회 이현국 목사

차례

추천의 글

- **4** 김성관 목사 [부산비전교회, 유니온비전미션 이사장]
- **5** 김용택 목사 [온세계교회 원로목사]
- **6** 김종혁 목사 [명성교회, 대한예수교장로회(합동) 109회기 총회장]
- **8** 김찬곤 목사 [안양석수교회, 전 총회세계선교회(GMS) 이사장(예장 합동)]
- **9** 김형종 목사 [주엔교회, 코헨대학교 총장]
- **11** 박성규 목사 [총신대학교 총장]
- **12** 박윤성 목사 [기쁨의교회, 총회 교회자립개발원 이사장(예장 합동)]
- **13** 손훈 목사 [영화교회 원로목사, 한국DNA협의회(DNA Korea) 회장]
- **15** 신현필 목사 [임마누엘교회, GAP(Global Assistance Partner) 국제 공동대표, 한국 오픈도어(Open Doors) 공동대표]
- **17** 안강희 선교사 [미전도종족개척 코디네이터]
- **18** 양대식 목사 [진주성남교회, 총회세계선교회(GMS) 이사장(예장 합동)]
- **19** 오정현 목사 [사랑의교회, 국제제자훈련원 원장, 숭실대학교 이사장]
- **20** 오정호 목사 [새로남교회, 대한예수교장로회(합동) 108회기 총회장]
- **21** 유해석 목사 [총신대학교 교수(선교학), 이슬람대책위원회 전문위원(예장 합동)]
- **22** 이규현 목사 [수영로교회, 부산성시화운동본부 이사장]
- **23** 이철 목사 [기독교대한감리회 직전 감독회장, CTS기독교TV 공동대표이사]
- **25** 장봉생 목사 [서대문교회, 대한예수교장로회(합동) 110회기 총회장]
- **26** 정영진 목사 [갈릴리교회, 부산기독교총연합회 대표회장]
- **27** 황성은 목사 [오메가교회, 비전스테이션 미니스트리 대표]
- **28** 현용수 교수 [쉐마교육연구원 원장, 전 서울교대 초빙교수]

30	**책을 내면서**

39	들어가는 말: **선교는 사람이다!**

47	**1장** **멘토링을 통한 제자 양육:** **이현국 목사와 인도의 피터 티우마이 선교사**
47	1. 인도 선교의 실패와 성공
62	2. 왜 인도인가?

67	**2장** **피터 티우마이 선교사와 제자들:** **'제자 삼는 제자 양성' 이야기**
68	1. 피터의 이야기: 이현국 목사와의 만남에서 BTS신학교 사역까지
101	2. 피터 선교사의 '제자 삼는 제자 양성' 이야기

106 **3장**
피터의 핵심 제자 6명의 사역:
제자들이 제자를 세우는 이야기

107 1. 엘리야 선교사
125 2. M 선교사
132 3. 탄투이 선교사
151 4. 스티픈 티우마이 선교사
162 5. 라케쉬 굽타 선교사
180 6. 카일리낭 티우마이 선교사

197 **4장**
BTS신학교:
BTS신학교의 사역 전략

198 1. BTS신학교 개관
204 2. BTS신학교 사역: 제자 삼는 제자 양성에 초점을 두는 신학 교육
221 3. 제자훈련센터(DTC)

227 나가는 말: **또 다른 열매를 위하여**

240 부록 1

이현국 목사와 피터 티우마이 선교사의 대화록

255 부록 2

제자 및 교회 개척 현황(2014~2024년 5월 현재)

259 부록 3

BTS신학교 주도의 개척 교회 현황(2014~2024)

264 MISSIONS TO EQUIP PEOPLE

들어가는 말

선교는 사람이다!

선교는 사람이다. 이 말은, 선교란 사람을 세우는 일이라는 뜻이다. 즉, 예수님의 제자를 세우는 일을 말한다. 예수님이 세우신 제자는 또 다른 제자를 키우고, 그 제자는 또다시 다른 제자를 세운다. 하나님께서는 이렇게 세워진 사람들을 통해 계속 일하신다. 이 과정에서 교회가 개척되고, 개척된 교회를 통해 제자들이 계속 세워져서 세상을 향해 나아간다. 이처럼 선교는 사람에게서 시작하여, 사람을 통해 진행되고, 결국 사람이 남는다. 아무리 돈이 많고, 프로젝트가 좋고, 건물을 세우고, 사람들이 많이 모여 있어도 제자로 세워진 사람이 없으면 오래 가지 못하고 열매는 빈약하다. 그래서 선교에서는 제자를 세우는 제자 양성이 가장 중요하다.

목회도 비슷하다. 어떤 의미에서는 목회도 사람이라고 말할 수 있다. 즉, 전도를 통해 사람들을 예수 그리스도께 인도하고, 양육을 통해 예수님의 제자로 세우고, 제자로 세워진 제자는 또 다른 제자를 세워 나가면서 교회와 세상에서 하나님의 일을 하게 하는 것이다. 이 모든 일이 하나님의 은혜와 성령의 인도하심을 따라 일어난다.

해외 선교도 동일하다. 물론 해외 선교는 언어, 문화 등 상황이 국내 목회와는 매우 다르기 때문에 사역의 내용과 형식에서 차이가 많이 나는 것은 사실이다. 하지만 해외 선교나 국내 목회 모두 사역의 핵심은 예수님의 제자를 세우는 일이다. 하나님의 섭리와 역사 안에서 시작도 사람이 하고, 진행도 사람이 하고, 결과도 사람이 남는 것이다. 사역의 종류가 어떤 형태이든지 원리는 같다. 교회 개척이든지, 신학교이든지 또는 교육, 의료, 캠퍼스, 지역사회 개발, 비즈니스 등의 전문인 선교이든지, 어떤 형태의 선교 사역이든지 간에 그 핵심은 사람을 예수님의 제자로 세우는 것이다. 그러면 이들이 다양한 모습과 방법으로 교회의 안과 밖에서 하나님의 일을 할 수 있게 된다.

따라서 비록 해외 선교와 국내 목회가 내용과 형식 등의 면에서 다를지라도, 그 본질은 같다고 볼 수 있다. 제자를 세우는 제자를 양성하는 것이 핵심이다.

제자 삼는 제자를 양육하는 일을 통해 개척된 교회는 저절로 자립하게 된다. 선교에서 자립이란 개념은 매우 중요하며, 선교하는 교회와 선교사가 모두 이를 바라고 있다. 하지만 자립하기란 쉽지 않다. 이는 현지인 때문이라기보다 선교사와 후원 교회가 주된 원인인 경우가 많다. 선교사와 후원 교회는 주기만 하려고 하기 때문에 현지인이 스스로 자립할 기회를 주지 않는다. 그러나 제자 삼는 제자 양육이 올바로 이뤄지면 개척된 교회의 자립은 훨씬 용이해진다. 새신자들이 제자로 세워져서 또 다른 제자를 세우는 과정이 진행되면 성도들 스스로 교회 건축을 위해 가진 땅이나 물질을 드리고, 또한 전임 목회자를 모시기 위해 헌신하기 때문이다. 이처럼 제자 삼는 제자 양육 사역과 교회의 자립은 긴밀하게 연결되어 있다.

이렇게 말하면 의문이 생길 수 있다. '이런 일이 과연 실제로 선교지에서 일어나고 있는가? 일어난다면 어디서 어떤 방식으로 일어나는가? 그런 사례를 어디서 볼 수 있는가?' 필자 역시 이런 질문을 던졌던 적이 있다. 교회를 목회하면서 해외 선교에 수십 년간 참여했다가 '실패했구나!'라고 느낀 시점부터 이런 질문들을 갖게 되었다. 그때부터 바른 선교의 길을 찾기 위해 고민하고 씨름하다가 비로소 성경을 통해 제대로 된 길을 발견했다. 그리고 그 원리대로 실천했고, 실제 현장에서 그 열매들을 보았다. 이 글도 그래서 쓰게 된 것이다.

이것은 지난 30여 년간 필자가 운화교회를 목회하면서 인도 선교를 해오는 동안 얻게 된 핵심적인 교훈이다. 이런 점을 깨닫기까지 때로는 기대하고 때로는 실망하며 심각한 시행착오를 겪었다. 이 과정에서 필자가 섬기는 교회가 심각한 갈등을 겪기도 했고, 개인적으로 목회의 위기를 겪기도 했다.

30여 년 전, 처음 해외 선교를 시작했을 때 열정과 재정과 기도만 투자하면 좋은 결과가 있으리라고 예상했다. 같은 교단의 지인에게 소개받은 현지인에게 일정액의 선교헌금을 보내면서 선교를 시작했다. 그러다가 현지인이 신학교를 운영하기 위해 건축이 필요하다고 해서 점점 더 큰돈이 들어갔다. 교우들은 힘을 다해 기도하고, 헌금하고, 현지 방문도 하면서 열심히 후원했다. 첫 선교인 만큼 교회의 기대도 컸다. 하지만 그 결과는 처참했다. 기대가 큰 만큼 실망도 컸다. 결국 재정도 잃고, 사역도 잃고, 심지어 사람도 잃고 말았다.

'왜 그렇게 되었을까?' 곰곰이 생각해 보니, 시작부터 문제가 있었다. 첫 단추를 잘못 끼웠음을 깨달았다. 그래서 기도하는 가운데 다시 처음부터 시작해 보기로 했다. 믿을 만한 현지인 한 사람과 다시 시작했다.

함께 선교를 시작한 현지인 목사는 신학교를 시작해 보겠다고 했다. 이전의 실패 경험 때문에 걱정되어 교회부터 개척하라고 부탁했다. 그런데 그는 신학교부터 시작할 필요가 있다고 했다. 그래서 시간을 들여서 그가 어떤 사람인지를 살펴보았다. 그리고 그가 신학교를 시작할 부지를 마련했다고 해서 일단 기초공사 비용만 수천만 원을 일시적으로 헌금하고, 이후 매월 소정의 금액을 헌금했다. 그 후 계속 정기적으로 만나서 교제하면서 지속적으로 필요한 여러 가지 훈련도 시키고, 함께 의논하고, 멘토링하며, 진행되는 사역을 조사하고 평가하면서 일을 진행했다.

그 결과는 놀라웠다. 하나님께서 크게 축복하셨다. 한 사람이 시작한 사역을 통해 놀라운 열매가 나타나기 시작한 것이다. 교회가 없던 지역의 영혼들이 구원받고, 교회가 개척되고, 제자들이 세워지고, 교회 지도자들이 나왔다. 그러면서 그가 운영하던 BTS신학교까지 성장하기 시작했다. 심지어 기숙사 건축이 재정 문제로 늦어져 지원자를 다 받지 못하는 일까지 생길 정도였다.

지난 10여 년 동안 사역한 결과, 2024년 현재 개척된 교회는 1,000여 개 이상에 이르렀고, 제자들이 또 다른 제자들을 세워서 4세대 제자들까지 나왔으며, 여러 지역에 6개의 제자훈련센터가 세워졌다. 그리고 BTS신학교에 현재 약 100명이 재학 중이다. 원래 100명 이상 지원했지만, 기숙사 시설의 부족으로 신입생을 다 받지 못했다. 이뿐 아니라 이러한 일이 진행되는 과정에서 놀라운 일들이 나타났다.

첫째, **신학교가 주도하여 교회를 개척**하는 새로운 선교 사역 모델이 만들어졌다. 즉, 피터 목사가 시작한 신학교가 주도하여, 미전도 지역인 힌두 지역과 모슬렘 지역에 들어가서 직접 전도하고 교회를 개척하는 사역을 한 것이다. 보통 신학교는 신학 교육에만 집중하고 사역은 교회의 몫으로만 간주한다. 그런데 피터의 BTS신학교는 신학 교육과 사역을 동시에 진행했다.

둘째, 지역사회에 들어가서 **'섬김-전도-제자훈련-교회 개척-신학교'까지 모두 하나로 이어지는 사역 모델**이 개발된 것이다. 이 책에서는 이 모델을 **'선순환 사역 모델'**이라고 부른다. 신학교가 학생들과 현장 선교사역팀과 협력하여 미전도지역에 들어가서 섬김으로 시작하여 관계를 쌓고 전도하여 일단 가정교회부터 시작하고, 제자훈련을 통해 세워진 마을의 지도자들 중에서 헌신되고 전임 목회자가 되길 희망하는 사람들을 신학교로 데려와 신학 교육을 받게 한다. 신학 교육을 마친 이들은 다시 교회로 돌아가 사역을 계속한다. 이 모든 과정이 선순환적으로 일어났다.

셋째, **실천 중심의 신학 교육**이 현실로 증명되었다. 신학교에서 진행되는 교육의 핵심도 사람을 세우는 것이다. '선순환 사역 모델'

에서 신학교는 신학생들의 신학 교육과 함께 현장 사역 능력의 향상에 초점을 두고, 교회 및 선교 현장과 긴밀하게 협력하게 한다. 전통적으로 신학교는 주로 신학이론 교육에 치중해 왔다. 그 결과 신학 교육은 교회 및 현장 사역과 분리되어 사역 능력이 부족하다는 지적이 많이 있었다. 그런데 실천 중심의 신학 교육은 교육을 사역 현장과 연결하여 통합해서 실행하므로, 교육 기간 동안 현장 사역에 참여하면서 사역 훈련을 함께 받게 된다. 따라서 학생들은 졸업하는 즉시 목회나 사역 현장에서 능력을 발휘할 수 있게 되었다.

넷째, 모든 사역에 **현지인이 가진 자원을 최대로 활용**했다. 지난 10여 년간 필자의 교회는 신학교 부지 공사에 일부 금액을 지원했고, 제자훈련센터 한 군데의 건축비 일부를 후원했고, 피터 선교사의 생활비와 사역비를 매월 후원했다. 이것이 전부이다. 반면, 피터와 그의 제자들이 현장에서 교회를 개척하고, 제자훈련센터를 설립하고, 제자를 훈련하고, 교회당을 세우고, 전임 목회자를 임명하고, 피터의 3층짜리 신학교 건물과 부속 교회당을 완공했다. 이 모든 것은 현지인들 스스로 이루어 낸 결과이다.

이 책에서는 이상에서 언급한 내용을 네 개의 장으로 나누어 소개한다.

1장은 이현국 목사와 인도인 피터 티우마이 선교사 간의 **'멘토링을 통한 제자 양육'**에 관한 이야기이다. 필자가 어떻게 피터 선교사를 만나 서로 교제하면서 멘토링을 시작하게 되었는지, 그리고 이 멘토링을 통해 어떻게 피터 선교사가 필자와 같은 '제자를 삼는 제자 만들기'라는 비전과 꿈을 갖게 되었는지에 대한 이야기이다.

이런 비전을 통해 나중에 놀라운 결과가 일어나게 된다.

2장은 **피터 선교사가 그의 인도인 제자들을 세워 나가는 이야기**이다. 여기서는 먼저 피터 선교사가 신학교를 시작하기까지의 여정을 소개하고, 또한 그가 어떤 방식으로 자신의 제자들을 세워 나갔는지, 그리고 이를 통해 얼마나 놀라운 열매를 맺게 되었는지를 다룬다.

그는 10여 년 전에 자신의 가정에서 소수의 청년들과 합숙하면서 제자훈련을 시작했다. 이것이 점차 체계적인 신학교로 발전하였고, 이 신학교의 제자 양성 과정을 통해 미전도 종족과 미전도 지역을 대상으로 1,000개 이상의 새로운 교회를 개척하였다.

3장에서는 **피터의 제자들이 현장에서 또 다른 제자들을 세워 나가는 이야기**를 다룬다. 피터의 핵심 제자들은 약 40여 명에 이르는데, 이들에 대한 얘기를 모두 수록할 수 없어서 이 책에서는 6명에 대한 사역만 소개한다. 이들의 이야기를 듣다 보면, 과거 선교 초기에 있었던 복음 전파와 치유와 변화 등을 포함하는 성령의 역사가 오늘날에도 여전히 계속되고 있음을 생생하게 느끼게 될 것이다.

4장에서는 **BTS신학교의 현황**과 함께 사역을 구체적으로 소개한다. 특히 1,000개 교회 개척의 원동력이 된 '제자 삼는 제자 양성'을 핵심으로 '선순환 사역 모델'을 구체적으로 설명한다. 그리고 6개 지역에 세워 운영하는 제자훈련센터(DTC)에 대해 다룬다.

이 책은 우선적으로 선교에 관심 있는 목사님과 교회와 성도님을 위한 것이다. 만약 해외 선교를 하는 데서, 과거 방식에서 벗어나 새로운 방식을 찾고 싶다든지, 좀더 효과적인 방법을 찾고 있다든지, 혹은 해외 선교를 새로 시작하는 길을 알고 싶다면, 그리고 해외 선교사가 되기 위해 준비하는 분, 특히 신학교 사역을 하는 분이라면, 이 책에 나온 사례와 교훈이 실제적인 도움을 줄 수 있을 것으로 믿는다.

선교는 사람이다. 사람에게 집중하면 재정도 열매도 따라온다. 그래서 사람을 세우는 것이 핵심이다. 사람을 잘 선택하고 올바로 세워서 사역할 때 비로소 성공적인 결과를 얻을 수 있다는 점을 다시 한번 강조하고 싶다.

1장

멘토링을 통한 제자 양육:
이현국 목사와 인도의 피터 티우마이 선교사

1. 인도 선교의 실패와 성공

Q. 언제, 어떤 계기로, 어떻게 해외 선교를 시작하셨습니까?

1993년에 같은 노회 소속의 목사님을 통해 인도에 대해 처음 들었습니다. 그 목사님의 소개로 당시 국내의 한 신학교에서 공부하던 'D'라는 인도인 학생을 만났는데, 그는 인도 마니푸르주에서 왔다고 했습니다. 그가 마니푸르주 인구의 40퍼센트가 기독교인이기 때문에, 거기에 선교의 거점을 만들면 인근의 네팔, 부탄, 방글라데시 등지에서도 선교할 수 있다고 해서 큰 관심을 갖게 되었죠.

당시 저는 부산의 한 가난한 동네에서 목회를 하고 있었습니다. 나중에 그 인도 신학생이 신학교를 졸업하고 자기 나라로 귀국한 직후부터 현지에서 신학교를 운영한다고 해서 매월 10만 원씩 지원하였고, 교회 성도들 전체가 선교를 위해 기도하면서 인도 선교에 참여하기 시작했습니다.

열정과 재정으로 시작하다-실패의 경험

Q. 시작하신 선교는 어떻게 진행되었습니까?

2005년도에 그 인도인 사역자가 신학교 건물을 짓는다고 지원해 달라고 요청해서, 우리 교회는 후원 액수를 더 늘려서 매월 50만 원에서 100만 원씩 지원하기 시작했습니다. 그 후 2008년이 되자, 그는 우리 운화교회 이름을 딴 건물을 짓겠다고 하면서, 건물을 짓고 나면 신학생들을 더 모을 수 있어 재정적으로도 자립할 수 있다고 하더군요. 그래서 우리는 매년 8,500만 원에서 1억 원 가까이 후원하기 시작했습니다. 교회 예산이 부족해서 은행에서 1억 원을 긴급 대출하여 지원하기도 했지요. 이런 식으로 2012년까지 후원했습니다. 그리고 어떤 때는 신학교 인근에 있는 지역의 교회당 건축을 도와 달라고 해서 5,000만 원을 후원하기도 했습니다. 이런 방식으로 신학교 건축, 신학교 운영비, 교회당 건축비 등 그동안 지원한 금액이 전부 10억여 원에 이릅니다.

Q. 인도 선교를 위해 많은 재정과 기도로 후원을 하셨는데, 처음 시작하실 때 어떤 기대를 갖고 있었나요?

처음에는 우리의 후원으로 지어진 신학교에서 길러진 사람들을 통해 복음이 왕성하게 전해져서 제자가 세워지고, 교회가 개척되고, 나아가서 신학교도 자립하기를 바랐습니다.

Q. 기대한 대로 잘 되었는지요?

아닙니다. 처음 기대한 것과 많이 달랐지요. 시간이 갈수록 기대했던 것과는 거리가 멀어져 갔습니다. 그런데도 인도에서는 계속해서 이런저런 새로운 요구만 자꾸 하더군요. 2013년에 그 현지인에게 문제가 생겼는데, 알고 보니 재정적 문제가 있었고, 심지어 도덕적 문제도 드러났습니다. 보냈던 선교비가 목적대로 현지에서 사용되지 않았고, 그의 가정과 사생활에도 문제가 있었던 거죠. 그래서 불가피하게 후원을 중단하고 관계도 정리하게 되었습니다.

Q. 왜 기대했던 대로 안 되었다고 생각하십니까?

처음 시작했을 때 해외 선교의 열정만 있었지, 선교가 무엇인지 그리고 어떻게 하는지를 전혀 몰랐습니다. 무엇보다 제가 후원하던 그 현지인이 어떤 사람인지를 잘 몰랐습니다. 이런 사전 이해 없이 그냥 재정만 보내고 기도만 하면 현지인이 알아서 잘하겠지, 그러면 기대하는 대로 되겠지 하고 막연하게 생각했던 겁니다.

Q. 그 일이 있고 난 후에는 어떻게 하셨는지요?

이때부터 고민이 시작되었습니다. 교회의 당회에서 인도 현지 문제에 대해 수없이 심각하게 논의하였습니다. 심지어 저는 이 문제로 목회 위기를 겪기도 했어요. 왜냐하면 오랫동안 그 신학교 사역을 후원해 왔고, 온 교회가 중보기도를 해왔으며, 많은 비용이 들어간 데다, 어떤 때는 인도에서의 요청에 큰돈을 보내느라 은행 빚까지 얻었기 때문입니다.

개인적으로도 깊은 고민에 빠졌습니다. 선교에 대해 실망도 하고 좌절도 했습니다. 처음엔 현지인을 원망하기도 했지만, 점점 저 자신에 대한 원망이 더 커졌습니다. '왜 선교를 실패하게 되었을까? 선교를 그만두어야 하나? 하나님의 일인데 그만둘 수는 없지 않나?' 그러다가 마침내는 이런 질문을 하기 시작했습니다. '선교란 무엇인가? 어떻게 선교하면 제대로 할 수 있을까? 선교는 돈으로 하는 것인가? 왜 사람이 세워지지 않았을까? 어떻게 하면 현지에서 사람을 제대로 세우는 선교를 할 수 있을까?' 그러면서 깊이 고민하게 되었습니다.

Q. 이런 힘든 경험을 통해 얻은 교훈이 있다면 무엇인가요?

두 가지의 중요한 교훈을 얻었습니다. 먼저, 선교를 시작하기 전에 선교가 무엇인지를 알았어야 한다는 점입니다. 그냥 돈만 주고 기도하면 현지인이 알아서 잘하겠지 하는 막연한 기대가 문제였던 거죠. 사실 돈을 보냈으면 그 돈을 제대로 쓰고 있는지 감독하고 평가도 하고, 필요하면 지도도 했어야 합니다. 그리고 무엇보다도 보낸 돈이 먼저 기대한 대로 사람을 키우는 일에 쓰이고 있는지를 잘 살폈어야 했는데 그걸 몰랐었죠. 그래서 실패를 겪고 나서 선교가 무엇인지, 선교의 본질이 무엇인지에 대해 잘 알고 선교해야겠다는 걸 알게 되었습니다.

다음으로, 동역하는 현지인이 어떤 사람인지 잘 알고 후원을 시작했어야 한다는 점입니다. 제가 후원하는 현지인이 어떤 사람인지도 모르고, 그냥 잘 아는 분이 후원하고 계시고 제가 그분을 믿으니까, 그냥 따라서 했던 거죠. 당시는 그냥 해외 선교에 대한 열정만 있었지 어떻게 하는 것인지를 전혀 몰랐기 때문에 막연하게 하다 보니 그런 일이 생긴 겁니다. 실패를 겪으면서 현지인과 동역할 경우 현지인이 누구인지를 잘 알고 시작해야 한다는 교훈을 얻었습니다.

Q. 실패한 경험을 나누는 게 쉽지 않으실 텐데 이렇게 나눠 주시는 이유가 있으신지요?

어떻게 보면 창피하기도 하죠. 이것 때문에 우리 교회와 제가 고통을 받은 것은 속상하지만, 그럼에도 이것을 공개적으로 알리는 것은 저와 같은 실수를 다른 교회가 반복하지 말았으면 하는 마음에서입니다. 그리고 이 글을 읽는 분들이 선교할 때 좀더 건강하게 진행하여, 원하는 대로 열매를 거두시는 선교를 했으면 하는 소원 때문입니다.

한 사람으로 다시 시작하다-성공의 경험

Q. 그 후에 인도 선교는 어떻게 하셨는지요?

그 후 재정을 중심으로 후원하는 선교는 조심해야겠다는 생각을 하였고, 인도 선교는 당분간 두고 보기로 했습니다. 그리고 다시 시작한다면 완전히 새로 시작하는 마음으로 해야겠다고 마음먹고 있었습니다.

그런데 몇 개월 후 인도에 변수가 하나 생겼습니다. 오랫동안 후원했던 현지인의 신학교와 관계를 중단한 후에, 신학교에서 가르치던 교수 한 사람이 그 학교에서 떠날 수밖에 없는 상황이 되었습니다. 피터 티우마이(Peter Thiumai)라는 젊은 40대 교수였습니다. 피터 교수는 이전에 우리 교회의 후원으로 미국에서 신학박사 과정을 마친 후에 그 신학교로 돌아가서 교수로 사역하고 있었습니다. 그는 당시 신학생들을 가르치면서, 우리 교회가 선교비를 지원하던 현지인 교회 개척 선교사 몇 명을 관리하며 멘토링도 하고 있었습니다. 그리고 신학교에서 주말마다 신학생들을 데리고 자발적으로 인근 지역으로 전도 집회를 나갈 정도로 복음 전도에 열정적이었습니다.

그랬던 그가 그 신학교에서 불가피하게 떠나야만 하는 상황이 생겼습니다. 그런데 그가 이미 파송된 현지 선교사들을 계속 관리하고 있었기 때문에 선교비는 계속 그를 통해 보냈고, 또 그의 가정을 위해서도 이전에 하던 대로 생활비를 꾸준히 지원했어요. 이 일이 약 2년간 계속되었는데, 피터는 꾸준하게 자신의 선교 사역과 재정 지출에 대한 보고서를 보내 주었습니다.

Q. 2년 후에 어떻게 되었나요?

피터 교수는 전에 있던 신학교를 떠난 후 나갈랜드주의 디마풀이라는 도시로 이사를 갔는데, 거기서 2년 동안 월셋집에 살면서 학생들을 훈련하며 지냈습니다. 저는 이때부터 그에게 본격적인 멘토링을 시작했습니다. 물론 그전에도 그에게 여러 가지 멘토링을 했지만, 그때부터 좀더 깊이 있는 멘토링을 하게 되었죠. 저는 당시 그에게 신학교 설립 사역보다도 먼저 독자적으로 교회를 개척해 보라고 권유했습니다. 전도하고, 제자들을 양육하고, 교회를 자립시켜서 자체적으로 다른 교회도 개척하고, 나아가 선교사도 양성하여 파송하라고 하면서, 신학교는 그 후에 세우는 게 어떻겠느냐고 제안했지요. 특히 제자를 삼는, 제자를 훈련하는 일에 가장 초점을 두어 달라고 주문했습니다.

그런데 피터 교수는 신학교 사역을 하는 게 제자를 세우는 일에 더 효과적이라고 하더군요. 그러고는 월셋집에서 나와서 현지 어떤 교단이 운영하는 수양관을 빌려서 본격적으로 신학교를 시작하게 되었습니다. 그리고 동시에 신학교 안에 자체적으로 교회를 시작했고, 몇 년 후에는 같은 시내 지역 안에 교회도 개척하면서, 이전에 했던 파송 선교사 관리도 하는 등 동시에 여러 가지 사역을 매우 열정적으로 했습니다. 이런 일이 그 2년 동안에 일어났죠.

그런 일이 진행되는 동안 해마다 함께 만나 교제하면서 의논도 하고, 멘토링도 했습니다. 한 해는 제가 현지를 방문하고, 다음 해는 피터 교수가 한국에 오는 방식으로 매년 만났어요. 만날 때마다 제가 멘토링했던 내용을 정리하여 함께 읽고 보관하고, 피터 교수는 돌아가는 즉시 1~2주 내로 멘토링한 내용에 따라 구체적인 실행 계획서를 작성하여 저한테 보냈습니다. 그리고 그 다음에 만나면 진행된 사역 내용들을 함께 검토했고, 거기에 대해 제가 다시 멘토링을 하면 그는 또 거기에 대한 상세한 실천 계획서를 보내오는 방식으로 계속 진행되었습니다.

Q. 기대하신 대로 잘 진행되었습니까?

물론입니다. 지난 10여 년 동안 기대했던 것보다 훨씬 더 많은 일들이 일어났습니다. 피터 교수는 신학교 사역을 통해 엄청난 일들을 해냈습니다. 그가 신학교를 새로운 패러다임의 학교로 만들었더군요. 그냥 신학 교육만 하는 학교가 아니라 '제자를 삼는 제자'를 양성하는 학교로 바꿔 놓았어요. 그리고 수많은 제자들을 키워서 선교 현지로 보내서 교회를 개척했는데, 지난 2024년 말까지 1,000여 개 이상의 교회를 세웠습니다. 게다가 여섯 군데 지역에 제자훈련센터를 세워 교회 지도자들을 계

부산 해운대에서, 피터 선교사 부부(좌측)와 필자 부부

속해서 훈련해 왔습니다. 그 중에 몇 곳은 제가 직접 방문해서 활동하는 현장을 둘러보았죠. 거기서 훈련된 사람들이 또다시 나가서 교회를 개척하는 일들이 계속되고 있었습니다(자세한 내용은 2부에서 소개합니다).

실패와 성공을 통해 배운 교훈

Q. 실패와 성공을 모두 경험하셨는데, 이를 통해 얻은 교훈이 있다면 어떤 것인지요?

최소한 두 가지의 중요한 교훈은 확실하게 얻었습니다. 먼저, 선교가 무엇인지를 배웠습니다. 선교의 본질과 목회의 본질은 같다는 것입니다. 물론 국내 목회의 현장과 해외 선교의 현장과 상황은 분명히 다릅니다. 언어도, 문화도, 사역 환경도 모두 다르지요. 그래서 접근 방식이나 내용과 형식에 다른 점들이 많지만, 둘 다 본질은 같습니다. 즉, 목회와 선교 둘 다 사람을 세우는 것이 핵심이라는 것이죠.

국내에서 목회할 때, 우리는 먼저 사람을 세웁니다. 전도부터 시작해서 예수님을 믿게 된 사람들을 양육하면서 교회를 세워 나가고, 또 교회에서 그들을 예수 그리스도의 제자로 세워서 교회 안팎에서 하나님의 일을 하게 합니다. 이렇게 제자가 된 사람들은 또다시 다른 사람들을 제자로 세우도록 합니다. 그리고 교회에서 해외로 파송하는 선교사도 동일하게 제자를 세우고, 그 제자들이 또 다른 제자를 세워야 하는 것입니다.

해외로 파송받은 선교사가 하는 일도 기본적으로는 똑같습니다. 전도와 양육을 통해 예수 그리스도의 제자로 세워서 교회를 이루고, 여기서 훈련받은 제자들이 다시 나가서 동일한 일을 하면서 또 다른 교회를 개척하여 제자들을 세우고, 이런 과정으로 하나님 나라를 확장시켜 갑니다. 물론 해외에서는 매우 다양한 형태의 사역을 할 수 있습니다. 교육, 의료, 캠퍼스, 지역사회 개발, 비즈니스, 신학교나 일반 학교 운영 등 다양합니다. 외형적으로 모두 다르고 내용도 전부 다를 수 있습니다. 그러나 이 모든 사역의 핵심은 사람을 세우는 것, 즉 예수 그리스도의 제자를 세우는 것입니다.

이 중에 선교지에서 신학교를 운영할 경우, 졸업생을 내보내는 일에서만 그치는 게 아니라, 졸업생이 나가서 전도와 제자 양육을 통해 교회를 세우고, 교회를 통해 제자로 세워진 사람들이 또 나가서 제자 삼는 일과 교회 세우는 일을 할 수 있는 수준까지 도달할 수 있도록 준비시켜야 할 것입니다.

이는 국내에서 파송하는 선교사도 마찬가지입니다. 해외로 나가는 선교사는 어떤 형태로 나가든, 먼저 국내에서 제자 삼는 경험을 하고, 또한 교회를 어떻게 세우고 목회해야 하는지를 배우고 나갈 필요가 있습니다. 특히 목회자 선교사라면 이런 경험이 더욱더 필요할 것입니다. 반면, 선교지에서 직접 목회 사역을 하지 않는 경우, 예를 들어 전문인 선교사 같은 경우라도 최소한 사람 세우는 일과 교회에 대한 기본적인 이해와 훈련을 경험한 다음에 나가야 한다고 봅니다.

다음으로, 현지인과 동역할 때라도 같은 원리로 해야 한다는 교훈을 얻었습니다. 즉, 현지인이 분명히 예수 그리스도의 제자인지, 그리고 예수 그리스도의 제자를 세울 수 있는 사람인지를 먼저 확인해야 한다는 점입니다. 좀 부족하다 싶으면 불러서라도 훈련해 보고, 그래도 안 되면 과감히 포기하는 게 낫다고 봅니다. 교회의 선교 계획에 맞추려고, 또는 세운 예산을 쓰려고 아니면 조속히 결과를 보기 위해 쫓기듯 급히 하다 보면 꼭 탈이 납니다. 저 역시 그랬고, 주위에서도 그런 사례들을 자주 보았습니다.

Q. 이런 교훈을 바탕으로, 선교를 시작하려는 교회에 하고 싶은 말씀이 있으신지요?

무엇보다 잘 준비된 사람과 함께 시작하라고 말씀드리고 싶습니다. 재정이 있다고 바로 시작하지 말고, 먼저 사람을 찾아보라는 것입니다. 한 사람이건 소수이건 간에 잘 살펴서 준비된 사람, 제자가 된 사람과 함께 시작하십시오. 만약 살펴본 후에 바탕은 좋은데 준비가 안 된 것 같으면 시간을 두고 준비시킨 후에 시작할 수 있을 것입니다.

Q. 만약 지금 해외 선교를 새로 시작한다면 어떻게 하고 싶으십니까?

두 가지 방식을 생각해 볼 수 있을 것 같습니다. 첫째로 우리 교회에서 한국인 선교사를 파송하는 경우입니다. 먼저, 우리 교회에서 2~3년간 부목사로 훈련을 시킬 것입니다. 그래서 지역사회 봉사와 전도와 제자 양육을 포함하여, 교회 목회에 대한 어떤 비전과 전략을 가지고 사역하는 훈련을 하도록 할 것입니다.

교회가 국내에 지교회를 새로 개척하는 사역이 있어서 그 과정을 지켜보면서 훈련을 받는다면 대단히 효과적일 것입니다.

만약 선교사가 현지에서 신학교를 운영할 계획을 가지고 있으면, 그 신학교를 영성과 신학 이론과 실제 사역 능력을 길러 주는 학교로 만들 수 있도록 해야겠지요. 그래서 신학생들을 봉사와 전도와 제자훈련을 할 수 있는 능력과 함께 교회를 개척하여 운영할 수 있는 능력을 갖춘 일꾼으로 세울 수 있어야 합니다.

둘째로, 현지인 선교사와 함께 사역을 시작하는 경우라면 그 현지인을 제대로 된 제자로 세워야 합니다. 앞에서 얘기한 피터 교수처럼 멘토링을 통해 세워도 좋고, 안 되면 현지인을 우리 교회에 초청하여 한국인 선교사 후보생처럼 훈련을 시키고 싶습니다. 만약 이게 힘들면 해외 선교를 잘하는 교회에 부탁하여 위탁 훈련을 시킬 수도 있을 겁니다. 교회에 대한 이해가 없는 선교는 오래 가지 못합니다. 교회를 잘 이해해야 선교도 오래 가고 생명력이 있습니다.

따라서 이제는 선교사로 나가니까, 아니면 현지인이 선교하니까 무조건 재정으로 후원하라는 방식은 곤란합니다. 준비된 사람에 한하여 후원하고 기도해야 할 것입니다. 저는 선교사를 훈련하는 방식은 전문 의료인을 훈련하는 방법과 유사해야 한다고 봅니다. 의료인은 의대를 졸업하면 일선 병원에 가서 인턴과 레지던트 제도를 통해 훈련을 받으며 전문 의료인이 됩니다. 그래서 담임목사의 역할 중 하나는 선교사도 이런 방식으로 훈련시키는 것이어야 한다고 봅니다. 즉, 체계적으로 제자훈련 과정을 거치고, 담임목사의 멘토링을 통해 제대로 열매 맺는 경험을 하게 한 후에 파송하는 것이죠. 그리고 부목사들이 있다면 이렇게 훈련하여 국내 개척이나 해외 선교를 할 수 있도록 지도할 수 있을 것입니다. 저는 이런 방식으로 몇몇 부목사들이 국내에서 훈련받고 개척할 수 있게 했고, 지금도 계속 멘토링하는 분들이 있는데, 성공적으로 잘하고 있어서 자랑스럽습니다.

이 목사님의 향후 선교 비전은?

Q. 목사님의 향후 선교 비전을 소개해 주시겠습니까?

대략 세 가지로 소개할 수 있습니다. 먼저, 저의 해외 선교 경험을 가능한 한 많은 교회에 소개하고 싶습니다. 제가 했던 실패와 성공 경험을 통해 다른 교회들이 좀더 효과적으로 선교할 수 있도록 돕고 싶습니다.

다음으로 제가 국내에서 했던 지교회 개척 경험을 나누고 싶습니다. 우리 교회의 경우, 부목사님으로 부임해서 저와 함께 5~6년간 목회를 경험한 후에 다른 지역에 가서 개척하기 시작하면 그때부터 5~6년간 각종 지원과 함께 멘토링을 하면서 자립하도록 돕습니다. 이를 통해 좋은 열매를 거둔 성공 사례가 있습니다.

또 하나는 멘토링 사역입니다. 국내에 개척한 교회 목회자와 해외에 파송된 선교사들을 주기적으로 방문하든지 혹은 초청하여 만나서, 지난 활동을 나누고 교제하면서 격려하며 멘토링하는 것입니다. 이런 멘토링은 은퇴한 목사님들도 하실 수 있는 사역이기도 합니다.

Q. 이제까지 나눠 주신 모든 말씀을 핵심만 정리해 주시겠습니까?

다시 한번 강조하는 것은, 선교의 본질과 목회의 본질은 같다는 것입니다. 둘 다 사람을 세우는 것이기 때문입니다. 사람에게 초점을 맞추어야 합니다. 그러면 성공합니다. 이제는 선교사를 내보내든, 현지인 선교사를 후원하든, 후원만 하면 스스로 알아서 하겠지라는 생각만으로는 잘 안 될 것입니다. 선교사나 현지인도 목회의 본질이 무엇인지 알아야 하고, 교회가 무엇인지를 알아야 합니다. 섬김과 전도와 제자훈련과 교회 목회에 무지한 상태 그대로 보내지 말고, 이런 일을 제대로 할 수 있도록 모델을 보여 주며 훈련을 시켜야 합니다. 이는 새로운 방법이 아닙니다. 이미 예수님께서 제자를 세울 때 그렇게 하셨고, 사도 바울도 평생 동일한 방식으로 선교했습니다. 초대 교회도 이런 방식으로 성장했고, 마침내 로마 제국을 복음화시켰습니다.

우리 한국 교회는 선교에 대한 열심이 매우 특심하여 세계 선교에 많이 기여해 왔습니다. 그동안 양적으로 많이 기여해 왔다면, 이제부터는 질적으로 기여할 때입니다. 그렇게 하려면 본질로 돌아갈 필요가 있습니다. 우리가 가진 역량을 생각해 보면 충분히 더 잘할 수 있다고 믿습니다.

끝으로 한 번 더 강조하고 싶습니다. 선교는 재정보다 사람이 중요하고, 제자를 삼는 제자 양육이 중심이 되어야 한다는 점입니다.

실패와 성공 사례 비교 요약

비교 항목	실패 사례	성공 사례
시작 동기	주위의 권유	실패에 대한 반성
시작 방법	재정, 열정, 기도	신뢰할 만한 현지인 물색
현지인 동역자	잘 모르고 시작함	검증된 현지인과 시작함
초기 후원 방법	신학교 건축 및 운영을 위한 재정 후원	신학교 건축 일부 후원 및 현지인 교회 개척가 후원
동역 방법	재정 지원 및 매년 1회 방문	멘토링, 훈련 기회 제공, 정기 방문, 사역 논의 및 평가
사역 형태	교실 수업 중심의 신학교 운영	신학교 운영 및 신학교를 통한 제자훈련 중심의 교회 개척
보고 책임	멘토링이 약하여 형식적 보고	정기적 사역 및 재정 보고
자립 여부	계속 후원자 찾음	자립함, 현지 교단 교회의 후원 포함
결과	중도에 관계 중단, 기대에 미달	열매가 계속 나옴, 기대 이상

2. 왜 인도인가?

인도 선교가 필요하고 긴급한 이유는 무엇일까?

필자가 인도 선교를 시작한 것은, 그곳에 복음을 들어야 할 사람들이 매우 많다는 얘기를 들었기 때문이다. 물론 처음에는 주위 아는 목사님으로부터 소개를 받긴 했지만, 실제로 알고 보니 인도에는 복음을 한 번도 듣지 못한 채 죽어 가는 영혼들이 너무도 많았다. 인도의 상황을 알게 되면 영혼을 구원하고 양육하는 사명을 받은 목회자라면 누구나 관심을 둘 것이다.

인도 지도

힌두교 축제 기간에 모인 사람들로 사원 주변이 발 디딜 틈이 없다.

실제로 인도를 방문해 보니, 도시와 시골마다 거리와 시장이 사람들로 넘쳐났다. 특히 힌두교 축제라도 있는 날이면 힌두 사원 주위를 둘러싼 힌두교도들로 인해 사원 근처를 지나가기가 어려울 정도였다. 인도는 원래도 인구가 많았지만, 최근 들어 전 세계에서 최대의 인구를 갖게 되었다고 한다. 불과 몇 년 전만 해도 중국 인구가 가장 많았지만, UN의 최근 통계에 따르면 인도 인구가 14억으로 중국을 이미 넘어섰다는 것이다.

인도는 단지 인구만 많은 것이 아니라, 예수 그리스도에 대해 평생 한 번도 들어 보지 못한 사람들이 대다수이다. 인도인의 대다수는 힌두교인이다. 인도의 종교 인구는 힌두교가 75퍼센트로 가장 많고, 이슬람교 15.7퍼센트, 시크교(힌두교의 한 종파)가 4.5퍼센트이며, 기독교는 불과 3퍼센트 미만(2.9%)에 불과하다(인도 정부 2011년 통계).

인도에서 가장 큰 스리 랑가나타스와미 힌두교 사원(남부 타밀나두 소재)

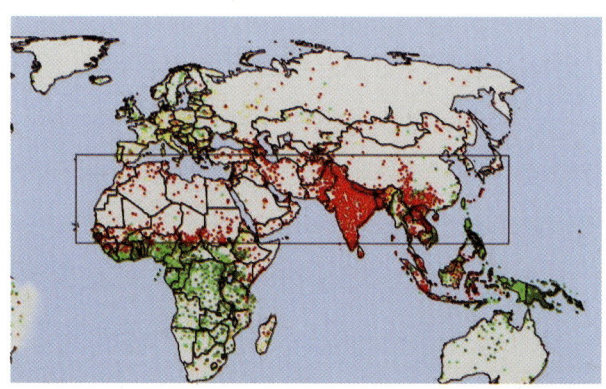

빨간 점은 미전도 종족을, 초록 점은 이미 교회가 있는 곳을 표시한다. 사각형은 북위 10도에서 40도에 걸쳐 있는 소위 '10/40 창'으로, 미전도 종족이 가장 많이 분포한 지역을 말한다(출처: 여호수아프로젝트).

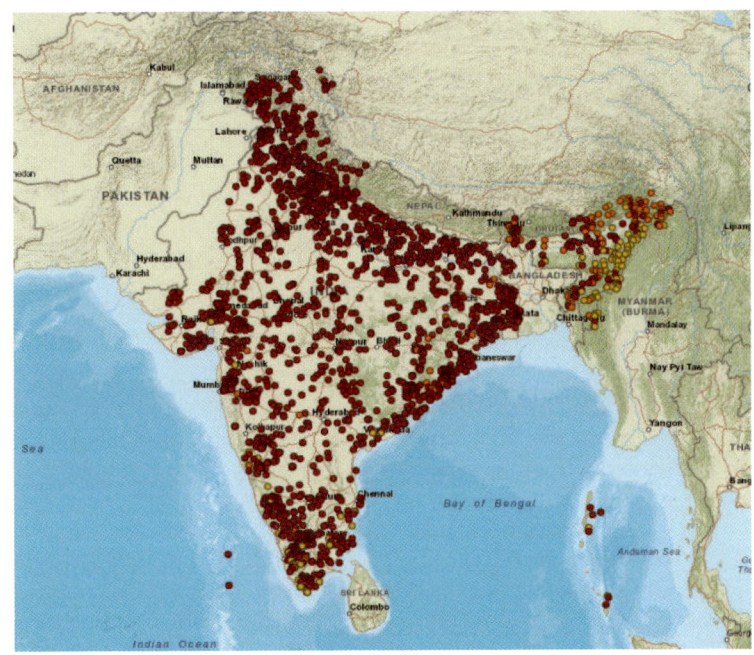

빨간 점으로 표시된 미전도 종족은 인도 전역에 퍼져 있다. 노란 점은 전도 활동이 이뤄지고 있는 곳이다(출처: 여호수아프로젝트).

인도 어디에 가든 크고 작은 힌두교 사원들이 가득하다. 심지어 동네 골목마다 소규모 사원들을 흔하게 볼 수 있고, 제물을 드리는 모습도 금방 눈에 띈다.

인도에는 평생 복음을 한 번도 들어 보지 못한 미전도 종족이 전 세계에서 가장 많다. 전 세계 총 미전도 종족 수는 약 7,000개인데, 이 중 전체의 27퍼센트에 해당하는 2,000여 개가 인도에 있다.

인구 수로 보면, 전 세계 80억 명 중 미전도 종족 인구 수는 34억에 달한다(전 세계 인구의 43%). 이 34억 명 중에 약 40퍼센트에 해당하는 13억 명이 인도에 살고 있다. 그리고 이 13억이라는 숫자는 인도 전체 인구 14억 명의 약 93퍼센트에 해당한다. 즉, 인도의 대다수가 복음을 제대로 들어 보지 못한 미전도 종족인 셈이다.

그리고 전 세계에서 가장 규모가 큰 100대 미전도 종족 중 19개가 인도에 있다(전체의 19%). 그런데 이런 모든 도전적인 상황들 가운데서도 가장 심각한 도전은, 이런 거대한 미전도 종족을 대상으로 하는 인도 현지 사역자와 선교사가 절대적으로 부족하다는 것이다.

구분	전 세계	인도	비율
인구	80억 명	14억 명	43%
미전도 종족 숫자	약 7,000개	약 2,000개	40%
미전도 종족 인구	34억 명	13억 명	13억은 인도 인구 14억의 93%에 해당

힌두교인들이 가장 많이 찾는 인도 최대 성지 갠지스강 유역으로 인도에서 힌두교가 가장 강한 우타르 프라데시주에 있다.

2장

피터 티우마이 선교사와 제자들:
'제자 삼는 제자 양성' 이야기

　이 장에서는 피터 티우마이 선교사가 자신의 제자들을 세운 이야기를 소개하려 한다.
　피터는 제자 삼는 제자를 세우는 일에 헌신하고 있다. 그가 시작한 BTS신학교를 제자 삼는 제자를 양성하는 베이스로 활용하여, 그곳에서 훈련받은 제자들이 나가서 교회를 통해서든지 제자 훈련센터를 통해서든지 각자 형태는 다르지만 동일한 일들을 하게 한다. 피터가 세운 1대 제자들을 통해 2대, 3대, 4대로 이어지는 흐름도도 간단하게 소개한다.

1. 피터의 이야기: 이현국 목사와의 만남에서 BTS신학교 사역까지

가난한 순회 목회자 가정에서 태어나다

피터 티우마이 선교사는 2025년 현재 49세이며, 가족으로 아내와 두 자녀가 있다. 그는 1976년에 인도에서 가장 낙후된 지역인 동북부 마니푸르주의 가난한 농촌 마을에서 농사일을 하면서 순회 목회 사역을 하던 가난한 목회자의 가정에서 9남매 중 둘째로 태어나 어린 시절을 고향에서 보냈다. 그리고 17세가 되던 해에 중생을 체험하고 세례를 받은 후에, 성경 공부를 통해 하나님을 더 깊이 알게 되면서 전임 사역자로 헌신하게 되었다. 이후 도시 지역으로 나가서 몇 개의 신학교를 거치며 신학 교육을 받았다.

마니푸르주 C 신학교에서 가르치다

피터 선교사는 석사 과정까지 마친 후에, 처음 신학을 공부했던 마니푸르주에 있는 C 신학교로 돌아와 가르치기 시작했다. 인도에서 신학교 교수는 기독교계에서 가장 선호하는 사역 중 하나이다. 신학교 교수는 비교적 안정된 직업이고, 적지만 고정 수입이 있으며, 교계와 지역사회에서도 어느 정도 인정을 받을 수 있기 때문이다. 그래서 많은 젊은 신학생들이 가능하면 더 높은 학위를 얻기 위해 노력하는데, 특히 미국이나 유럽이나 한국에서 유학하고 돌아가면 더 많은 기회가 생긴다고 한다.

피터는 C 신학교에서 가르치는 동안 필자가 시무하는 운화교회의 후원으로 미국에서 공부할 수 있는 좋은 기회를 얻게 되었다. 미국 유학은 비용이 많이 들기 때문에 비교적 저렴하게 공부할 수 있는 학교를 찾다가, 플로리다주 올랜도에 있는 신학교에서 신학박사 과정을 밟게 되었다. 공부하는 기간 동안에도 그는 매주 전도 활동을 게을리하지 않았다.

한번은 가까운 미항공우주센터(NASA) 근처에 갔다가 웅장한 집들을 보는 순간 주눅이 들었지만 용기를 내서 한 집을 노크했다. 한 남자가 나오더니 "어떻게 오셨습니까?"라고 물었다. 피터는 "나는 인도에서 왔는데 예수님의 복음을 전하러 왔습니다"라고 했다. 놀랍게도 그 남자는 피터에게 집으로 들어오라고 하더니, 자기 부인까지 부르고서는 예수님에 대해 얘기해 달라고 했고, 다 들은 후에는 부부가 모두 예수님을 영접했다. 피터는 복음의 능력을 다시 한번 경험했다. 그들은 피터가 그리스도에게 인도한 첫 백인 가정이었다. 피터는 2005년 8월부터 시작한 박사 과정에서 이처럼 공부와 전도 활동을 병행하다가 2009년 8월에 모든 과정을 마치고, 다시 인도의 C 신학교로 돌아가게 되었다.

그즈음 필자는 피터에게 인도로 귀국하는 길에 한국에 들러 달라고 요청했다. 그는 처음 한국을 방문하여 부산에서 필자를 만났다. 이때가 2009년 9월이었다. 피터는 이전에 C 신학교에서 가르치고 있을 당시에, 학교를 방문한 필자를 여러 번 보고 인사를 나누긴 했지만, 직접 개인적으로 만나 대화를 나눈 것은 이때가 처음이었다.

이현국 목사를 통해 '제자 삼는 제자 양성' 비전을 갖다

피터 선교사는 2009년 6월에 우리가 처음 만났을 때 일어났던 일을 이렇게 회고한다.

"2009년은 제 선교 사역에서 기념비적인 해였다고 할 수 있습니다. 이 목사님을 만나서 새로운 비전을 갖게 되었기 때문입니다. 이 목사님을 만나기 전까지 저에게 사역이란 신학교 교실에서 가르치고, 제 사무실에서 학생들의 학업이나 학교 업무를 처리하는 것이 전부라고 생각했지요. 그런데 이 목사님은 '제자를 세우는 제자 양성'에 대해 얘기했습니다. 물론 이전에도 저는 전도를 많이 했고, 새신자를 대상으로 기본적인 신앙 훈련도 해보았죠. 그런데 이런 수준을 넘어서, 이 목사님은 제자훈련에 대해 아주 구체적으로 설명해 주시더군요. 특히 재생산을 하는 제자, 즉 제자 삼는 제자 양성의 필요성과 실제적인 방법을 포함해서 상세하게 설명했습니다. 그리고 신학교에서도 단지 신학 이론만 가르치지 말고, 학생들을 제자로 훈련해서 다른 제자를 만들 수 있도록 가르치라고 당부했습니다.

당시 며칠간 부산에서 이 목사님과 대화를 나누는 중에, 제 마음에 제자를 세우는 제자에 대한 비전이 조금씩 싹

트기 시작했습니다. 이때 나눈 대화와 약속한 내용을 다 기록으로 남기고, 나중에 인도에 가서 다시 들여다보았습니다. 그리고 제자를 삼는 일에 대해 성경에서는 무엇을 가르치고 있는지를 살펴보면서 기도하는 가운데 제자 삼는 사역에 대해 확신을 갖게 되었죠. 그리고 이에 대한 구체적인 실천 계획을 세워서 이 목사님께 보내 드리기도 했어요 (이 내용은 이 책의 부록에 포함됨-편집자주). 하지만 당시만 하더라도 이런 대화가 나중에 얼마나 엄청난 결과를 만들어 낼지는 이 목사님도 저도 전혀 예상치 못했습니다."

피터 선교사는 다시 C 신학교로 돌아가서 가르치면서 학감으로 일했는데, 맡은 과목이 많고 업무도 많아서 매우 바빴다. 그래서 필자와 약속한 내용대로 신학생들을 대상으로 제자훈련을 할 수 있는 여건을 만들기가 힘들었다. 이 기간에 현재의 아내와 결혼을 했고, 예쁜 딸도 얻었다. 늘 바쁜 중에도 매 주말이면 그는 교수 몇 명과 일부 학생들을 데리고 학교 인근에 있는 힌두 마을에 나가서 꾸준히 전도했다. 하지만 그들을 대상으로 제자훈련을 하기에는 역부족이

피터 티우마이 선교사 가정

었다. 이처럼 제자 삼는 제자 양성에 대한 소원만 품은 채로 4년이란 시간이 빠르게 흘러가고 있었다.

그러던 중에 C 신학교와 후원하던 운화교회와의 관계에 문제가 생겨서 후원 관계가 끊어지는 일이 발생했다. 그러면서 피터 선교사도 어쩔 수 없이 C 신학교를 떠나야 하는 상황이 되고 말았다. 할 수 없이 그는 아내와 어린 딸과 함께 그동안 머물렀던 신학교 내 숙소를 떠나서 다른 곳으로 이사해야만 했다.

주님, 이제 어디로 가야 합니까?

2013년 6월, 지난 4년간 학감으로 일하던 C 신학교를 떠나면서 피터 선교사는 아내의 손을 잡고 함께 기도하기 시작했다. 갑작스럽게 비자발적으로 떠날 수밖에 없었던 그는 가야 할 길에 대해 하나님의 인도하심을 간절히 구했다. 학감으로 섬기면서, 주말에는 원하는 신학생들을 이끌고 주위의 힌두 마을들을 방문하면서 노방 전도와 축호 전도 등을 얼마나 열심히 해왔던가! 신학교가 위치한 지역의 시장이 점점 커 가면서 인구가 늘어나고 있어서 지역사회를 위한 섬김이나 전도의 기회도 점점 더 많아지고 있었고, 선교하기에 참으로 좋은 상황이 조성되고 있던 시점에 신학교를 떠나갈 수밖에 없는 형편에 처한 것이다.

한편으로는 '잘됐다! 좋은 기회이다! 이제는 내가 가진 비전을 펼칠 수 있는 때가 왔구나!'라는 생각이 들기도 했다. 왜냐하면, 그가 지난 2009년에 필자를 만나 제자를 삼는 제자 세우기에 대한 새로운 비전을 갖게 되었고 실천 계획도 세웠지만, 학교 일이 바쁘고 여건도 되지 않아 제대로 실행해 보지 못했기 때문이다. 그는 하나님께서 주신 새로운 기회에 감사드렸다. 그러나 문제는 여기를 떠나서 어디로 가야 하나 하는 것이었다.

제자 삼는 제자 양육과 자립에 대한 비전의 재확인

2013년 7월, 피터는 마니푸르주를 떠나 나갈랜드주의 디마풀시로 이사했다. 수중에 돈도 없고 건물도 없으니, 우선 조그만 건물이라도 빌려서 제자훈련 중심의 신학교를 시작하기로 했다. 그는 일반적인 또 하나의 신학교를 세우길 원하지 않았다. 전통적인 신학교들은 주위에 넘쳐났지만, 대부분 교실에서 신학 교육 위주로 운영하기 때문에 졸업 후에 현장에서 사역할 수 있는 능력을 제대로 준비할 수 있게 해주지 못했다. 인도에서는 신학교 졸업생들 중 60퍼센트 이상이 계속 학위 과정만 찾아다니는 실정이었다. 게다가 신학교를 졸업하고 일반 직장을 찾거나, 직업을 얻으려 대도시로 가거나, 심지어 고향에 돌아와서 그냥 지내는 청년들도 꽤 있었다.

그래서 피터는 학생들이 졸업한 직후부터 바로 교회나 선교 현장에서 교회 개척을 할 수 있는 제자, 특히 제자를 세우는 제자 양성의 비전을 가지고 새로운 형태의 신학교를 운영하기를 원했다. 전에 근무했던 전통적인 스타일의 학교에서 떠났기 때문에, 이제는 자신의 비전에 맞는 신학교를 운영할 수 있었다. 비록 맨 땅에서 빈손으로 시작하지만 말이다. 이런 내용은 필자의 멘토링을 받고 약속했던 내용이기도 했다. 그는 필자와 약속했던 핵심적인 내용을 또다시 떠올렸다.

- 제자를 삼는 제자를 양성하라.
- 제자를 세워서 교회를 개척하고, 세운 교회를 통해서 제자를 양육하라.
- 신학교에서 이론 교육을 포함하되, 전도와 제자훈련 등 실제적인 훈련을 시키라.
- 신학교 교수는 현장에서 제자를 세워 본 경험과 열매가 있는 사람을 선발하라.
- 신학교와 개척한 교회는 자립을 목표로 하라.
- 무엇보다 기도를 우선시하라.

이 중에서 필자가 가장 강조한 것은 제자를 삼는 제자를 만드는 것과 자립하라는 것이었다. 제자를 삼는 제자들이 나오기 시작하면 사실 자립은 저절로 될 수 있다. 선교 전략에서 가장 많이 강조하는 것이 삼자원리, 즉 자립(재정적 자립), 자전(스스로 전도), 자치(스스로 관리)이다. 전도해서 양육할 때 새신자를 제자로 세우고, 또 다른 사람을 전도해서 제자로 세울 수 있도록 도와주는 일을 반복하다 보면, 이런 교회는 자동적으로 자전하게 된다. 이는 다시 자립으로 이어지고, 결국에는 자치할 수 있게 된다.

반면, 제자를 제대로 세우지 않으면 스스로 전도도 하지 않고, 재정적으로 자립하기도 어려워져서 외부 선교사가 계속해서 재정적으로 후원해 줘야 한다. 이렇게 되면 외부 선교사에게 의존할 수밖에 없게 된다. 따라서 필자는 그 이후로 피터 선교사를 만날 때마다 이러한 내용을 반복하여 얘기하면서 제자훈련과 자립을 강조하며 멘토링했다.

월셋집에서 '제자 삼는 제자 양성' 신학교를 시작하다

피터는 디마풀 시내에서 좀 벗어난 지역에서 3층짜리 건물을 빌려 일부를 수리하고, 목회학석사(M.Div.) 과정의 학생들을 모집한다는 광고를 냈다. 마침 미국에서 온 C 선교사의 요청으로 신학교 사역과 함께 진행하기로 한 교회 사역에 동역하기로 했다.

놀랍게도 멀리 떨어진 잘루키와 주나보토를 포함하여 디마풀 등 여러 곳에서 온 17명의 남녀 청년들이 신학교에 등록했다. 빌린 건물의 1층은 교회, 2층은 교실, 3층은 기숙사로 활용했다. 신학교는 '올네이션스(열방)신학교'로, 교회는 '올네이션스교회'라고 불렀다. 수업 내용은 제자훈련에 초점을 두고, 외부 교수를 초청해서 기본적인 신학 과목들도 가르치고, 매 주말이면 모든 학생들을 데리고 지역사회로 들어가 섬기며 전도 활동을 하게 했다. 학생들은 수업료를 돈이 아닌 쌀이나 고기로 대신하기도 했다. 집세는 학생들의 수업료로 해결했다. 필자가 매달 400달러씩 후원해 주었기 때문에, 일부는 가족들의 생활비로, 나머지는 2~3명의 외부 교수를 위한 강사비로 쓸 수 있게 되었다. 1층의 교회는 처음 예배를 드릴 때 피터와 피터의 아내를 포함하여 7명으로 시작했다.

수업이 없는 주말에는 신학생들과 피터와 교수들은 그룹으로 나누어 외부로 나가서 지역사회를 섬기는 활동을 하면서 전도도 병행했다. 준비한 전도책자와 전도지들을 가지고 나가 신학교 근처의 동네부터 시작해서 버스 정거장, 기차역, 시장, 길거리 등지에서 나눠 주면서 관심을 보이는 사람들에게 전도했다.

올네이션스신학교 당시 건물

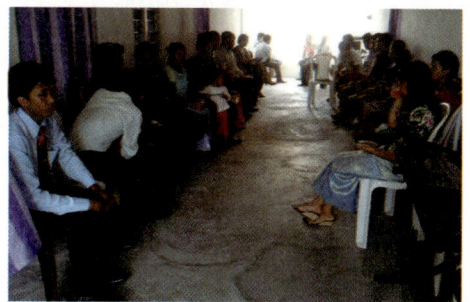
수업하는 학생들

사실 디마풀은 복음화율이 90퍼센트 이상일 정도로 매우 높아서 웬만한 사람들은 모두 어떤 교회의 교인들이다. 그래서 자기들의 교회로 오라고 말하긴 힘들었다. 그러나 당시는 외지에서 온 사람들도 늘어나고 있었고, 또 기존 교인들 중에도 교회 생활을 오래 했지만 복음의 내용에 대해 제대로 모르는 경우가 많았다. 특히 청년들 중에도 다수가 명목적인 신앙을 가지고 있었다.

전도 중에 술에 취한 사람이나 노숙자를 만나면 그들에게 음식을 사서 건네기도 하고 위로도 하면서 복음을 전했다. 그러면 그들 중에 예수님을 영접하는 이들도 있었다. 전도에 반대하는 사람들은 거의 없었고, 모두가 고맙다는 인사를 했다. 그해 12월에는 초청 전도 집회를 가졌는데, 이로 인해 올네이션스교회의 주일예배에 어린이들을 포함하여 참석 인원이 무려 300명까지 늘어나게 되었다.

그때쯤 동역하던 미국인 C 선교사가 올네이션스교회가 점차 성장하자 자기가 독자적으로 교회 사역을 맡고 싶다면서 모든 사역을 자기한테 넘겨 달라고 요청하기 시작했다. 그가 거듭해서 강하게 요청하기에, 피터는 고민하며 기도한 끝에 양보하기로 했다. 신학교에 와서 훈련받고 싶다는 청년들의 문의가 많아지고 있었고, 빌린 건물의 3층 기숙사는 거주 공간에 한계가 있었기 때문에 더 넓은 장소가 필요하던 참이었다. 2014년 10월, 신학교를 처음 시작한 지 1년쯤 지났을 때 피터는 C 선교사에게 올네이션스교회 사역을 이양하고, 이사 갈 장소를 물색하기 시작했다.

제자훈련과 교회 개척 중심의 신학교를 정식 개교하다

이듬해인 2015년 5월 피터 선교사는 디마풀시 외곽에 있는 한 교단의 수양관을 빌려서 공식적으로 신학교를 시작했다. 'ㄷ' 자 모양의 기다란 1층짜리 건물이 있고 널찍한 마당도 딸린 곳이었다. 거기에 'BGSTM'(신학선교대학원)이라는 이름을 걸고 실천신학 전공 석사 과정 24명의 학생들을 데리고 개교했고, 학교 내에 베들레헴교회도 함께 시작하여 이웃 주민들도 참석할 수 있도록 했다. 운동장 한쪽에는 학생들의 도움으로 1주일 만에 피터의 가족들이 살 수 있도록 대나무 패널로 3개의 방과 화장실에다 거실 겸 주방이

어느 교단 수양관을 빌려 운영하던 BGSTM신학교 시절

있는 집을 지었다. 바닥에 두꺼운 비닐 장판을 깔고 보니 훌륭한 거처가 되었다.

전임 교수도 몇 명 채용하고, 본격적으로 신학교를 운영하기 시작했다. 커리큘럼은 영성 훈련, 신학 훈련, 현장 훈련의 내용으로 각각 3분의 1씩 구성했다. 주중에는 교실에서 주로 가르치고, 주말이 되면 모든 학생들과 교수들은 지역사회에 들어가서 섬김과 전도 활동을 했다. 이것이 피터 선교사가 운영하는 신학교의 특징이다. 신학교라고 해서 신학 강의만 하는 게 아니라 사역도 한다. 또한 신학 과목도 지식으로만 끝나지 않고 교회에서 사역할 때 성도들에게 직접 가르칠 수 있도록 가르친다. 학생들의 머릿속에 저장되는 지식도 필요하지만, 교회 내에서도 재생산이 가능한 지식이어야 한다는 점을 더 중요하게 여긴다.

방학이 되면 피터는 모든 신학생들을 여러 그룹으로 나누고 각 그룹마다 지도교수를 배정하여, 자신이 전부터 관리하면서 멘토링해 오던 선교사들이 사역하고 있는 선교지로 보냈다. 피터도 한 그룹을 인도했다. 인도 동북 지역은 겨울이라도 아주 춥지 않기 때문에 선교 활동에 별로 지장이 없다. 신학생들은 기차나 버스로 하루나 이틀이 걸리는 여러 지역으로 이동해 함께 숙식하며 현지 선교사들의 지도 아래 봉사, 전도, 제자훈련 등을 하였다. 여기에 드는 경비가 적지 않았는데, 피터가 직접 모금한 재정으로 충당했다. 이런 훈련은 피터의 제자 세우기 사역에서 매우 중요하기 때문에, 큰 돈이 들더라도 포기할 수 없는 프로그램이다.

신학생들은 입학하기 전부터 신학교에서 이런 활동을 한다는 것을 알고 이를 훈련을 받기 원해서 지원했기에 모두 큰 기대를 안고 전도 여행에 임한다. 이 기간에 주로 힌두 지역과 모슬렘 지역을 방문하기 때문에, 학생들은 집중 기도와 전도를 통해 영적 전투에 대한 강도 높은 경험과 훈련을 하게 된다. 또한 전도를 통해 예수님을 믿게 되는 새신자

신학교 주변 지역사회 주민들과 어린이들을 초청한 'Love Day' 잔치

들을 보면서 하나님의 임재와 능력을 실제로 체험하고, 사역에 대한 기쁨과 보람을 얻는다. 이들에게 신학 공부란 더는 교실 안에서 얻는 지식에서 그치는 것이 아니라 살아 있는 지식이 되고, 그러면서 영혼을 살리는 진리임을 몸으로 배워 나간다. 신학 과정 중에 배운 내용을 활용하여 예수님을 처음 영접한 사람들에게 며칠간 기본적인 양육을 진행하면서, 그들이 기뻐하는 모습을 보고 제자훈련의 중요성을 깨닫게 된다. 그리고 이런 활동의 결과로, 즉시 새신자들이 생겨나고 이들을 중심으로 가정교회들이 개척된다. 학생들은 이런 것을 보고 배우고 경험하므로 졸업하자마자 교회를 개척할 수 있다는 자신감과 능력을 갖게 되는 것이다.

첫 졸업생 12명 배출

이듬해 2016년 4월에 12명 학생의 첫 졸업식이 열렸다. 이들은 수양관 건물로 이사 오기 전부터 훈련을 받던 학생들이었다.

졸업식 시즌은 다음 학년도를 위한 신입생을 선발하는 시기이기도 하다. 지난 몇 년간 실시해 온 전도와 제자훈련 실습을 통해, 피터의 신학교에 가면 누구나 전도와 제자훈련에 능하게 된다는 소문이 퍼져 나가자, 더 많은 청년들이 입학에 대해 문의하기 시작했다. 인도 동북 지역에 크고 작은 규모의 신학교들이 많았지만, 피터의 신학교와 같은 과정을 운영하는 신학교는 거의 없거나 전무했기 때문이다.

피터의 신학교에 대한 소문은 피터 자신도 느끼지 못하는 사이

2016년도 제1회 졸업식,
12명의 졸업생과 교수진

에 소리도 없이 퍼져 나갔다. 다음 학기인 2016년 가을학기 신입생 모집에 더 많은 학생들이 응시했으나 입학 자격을 갖춘 학생을 다 받아들일 수는 없었다. 이들을 수용할 공간이 부족했기 때문이다. 게다가 당시 디마풀의 땅값과 집값이 오르고 있었고, 수양관 임대료도 계속 오르고 있었다. 이는 신학교 재정에 큰 부담이 되었고 이 때문에 피터는 고민하기 시작했다.

2017년도 제2회 졸업식

"하나님, 땅 1에이커만 주시옵소서!"

피터는 하나님께 간절히 기도했다. 만약 어디든지 1에이커(1,200평)의 부지만 확보할 수 있다면, 앞으로 이사에 대한 부담이나 집세에 대한 걱정 없이 안정적으로 신학교를 운영할 수 있을 것 같았다.

그러던 중에 디마풀과 이웃한 아쌈주 경계 지역에 새로운 개발 지역이 나타났는데, 일단 시내보다 땅값이 비교적 저렴하다는 얘기를 듣고 둘러보았다. 디마풀 시내에서 7킬로미터 정도 떨어져 있고, 자동차로 15~20분 거리에 있었다. 차도에서 벗어나 안쪽으로 한참 들어가는데, 동네는 얕은 구릉지역 위에 자리 잡고 있었고, 집들이 여기저기 듬성듬성 흩어져 있었다. 큰 나무는 별로 없이 대부분 잡초와 낮은 관목이 우거져 있고, 길은 비포장이라 오토바이나 차가 지나갈 때마다 흙먼지가 일었다. 비가 오는 날이면 땅이 질척해서 택시들이 안 들어오려 한다고 했다.

거주민들은 대부분 가난했고, 전체 150여 가구에 인구는 600~700명 정도였다. 주민들은 거의 불신자였고, 힌두 사원이 2개, 교회는 작은 오순절교회 하나뿐이었다. 외형적으로는 다소 황량한 느낌이 드는 동네였지만, 피터는 이곳이 복음에 의해 변화되면 어떤 모습이 될까를 상상하며 마을을 둘러보았다.

이 지역 주민들은 자녀들을 주로 디마풀 시내에 있는 학교에 보내고 있었다. 그런데 대중교통이 좋지 않아서 시내에 하숙방을 구해서 자녀들을 거주시켜야 하는데, 비용도 부담되고 안전에 대한 걱정이 많아서 동네 안에 학교가 세워졌으면 하는 소원을 가지고 있었다. 피터는 이곳에서 땅을 확보해서 우선 미션스쿨부터 시작한다면 주민들의 환영을 받을 수 있고, 복음화에도 매우 효과적이며, 나중에 신학교를 세워도 거부감이 없을 것이라는 생각이 들었다. 그래서 이곳을 마음에 두고 기도하기 시작하면서, 이곳에 복음의 씨앗을 먼저 뿌리기로 했다. 피터는 이 지역을 우선 전도 대상 지역으로 삼고, 주말마다 직접 한 그룹의 신학생들을 보내서 복음을 전하도록 했다. 피터 본인도 수시로 전도 행사에 참여하곤 했다.

하지만 대충 알아본 땅값은 아무리 싸다고 해도 피터의 재정 능력으로는 어림도 없었다. 피터는 그저 하나님만 바라볼 뿐이었다.

하나님께서 땅 주인을 만나게 하시다

신학교에서 여느 때처럼 신학 공부와 외부에서의 섬김과 전도를 계속 진행하던 중, 다시 한 해가 지나고 2017년이 되었다. 어느 날 한 노인이 신학교에 찾아와서 피터를 만나기를 원했다. 처음 보는 분이었다.

피터: 어떻게 오셨습니까?
노인: 당신이 여러 곳에 교회를 세운다는 소문을 듣고 찾아왔습니다. 혹시 내가 사는 마을에도 교회를 세워 줄 수 있나요?
피터: 물론입니다. 어디서 오셨습니까?
노인: 저는 디마풀시와 아쌈주의 경계 지역에 있는 한 동

네의 대표입니다. 그런데 당신이 우리 동네에 신학교를 세우고 싶어 한다는 얘기도 들었습니다.

피터: 아, 그러십니까? 그런데 제가 신학교를 세울 거라는 얘기는 어디서 들으셨는지요?

노인: 지난해에 어떤 청년들이 우리 동네에 와서 예수님을 믿으라고 하던데, 그때 나도 예수님을 믿게 되었습니다. 당시에 그들은 당신의 신학교에 다니는 학생들이라고 하더군요. 그들로부터 당신이 우리 동네에 신학교를 세우려고 한다는 얘기를 들었던 기억이 나서 이렇게 찾아오게 됐지요. 그런데 우리 동네에 신학교를 지을 수 있는 땅은 갖고 있나요?

피터: 아뇨, 없습니다.

노인: 그래요? 그럼 내게 땅이 좀 있는데 당신에게 기증하고 싶습니다. 거기에 학교도 짓고 신학교도 짓고 뭐든지 할 수 있습니다. 교회도 물론 세워 주시고요.

피터: 정말입니까? 감사합니다. 근데 어떻게 제게 땅을 주고 싶다는 생각을 하셨는지요?

노인: 그건 제가 기독교인이 되었기 때문이죠. 작년에 당신의 신학교에서 온 학생들이 제게 예수님을 알게 해 주었는데, 늙은 제가 하나님을 위해 뭔가 할 수 있는 게 있을까 생각하다가, 당신이 신학교를 짓고 싶어 한다는 말이 생각나더군요.

피터: 정말로 감사합니다. 그런데 저는 적어도 1에이커 정도가 필요합니다.

노인: (미소를 짓더니) 아, 1에이커만 원해요? 별로 안 크네요. 나는 당신이 원하는 학교를 다 짓고도 남을 만큼 충분한 땅이 있습니다. 당신이 원하면 몇십 에이커의 땅도 드릴 수 있습니다.

순간 피터는 놀라서 말문이 막혔다. 그리고 이내 가슴 속에서 뭔가 벅차오름을 느꼈다. 지난 몇 년간 하나님께 신학교를 지을 수 있는 1에이커 땅만 달라고 얼마나 아내와 함께 기도해 왔던가! 피터는 노인에게 깊은 감사를 표하고 잘 접대하여 보내 드렸다. 그리고 아내와 손을 잡고 하나님께 감사의 기도를 드렸다.

다음 주간에 서둘러 그 노인을 찾아갔다. 그는 피터에게 먼저 1에이커(1,200평)짜리 땅을 보여 주었는데 매우 마음에 들었다. 그다음에 보여 준 땅은 약간 떨어진 곳에 위치한 14에이커(17,000평)짜리 땅이었는데, 그 노인은 여기에는 아이들을 위한 학교를 지으면 좋겠다고 했다. 피터는 '좀 큰데…'라는 느낌이 들었다. 그는 다시 피터를 마을 안쪽으로 더 멀리 데려가서는 나무들로 뒤덮인 드넓은 숲을 보여 주었다. 그곳은 무려 65에이커(약 8만 평)나 되었는데, 감당이 안 될 정도로 거대한 땅이었다. 피터는 그동안 하나님께 1에이커의 땅만 구했는데, 지금 눈앞에 몇십 배나 되는 엄청난 크기의 땅들이 펼쳐지고 있었다.

'이렇게 큰 땅은 필요 없는데…'라고 생각하는 순간, 갑자기 한 가지 아이디어가 떠올랐다. 1에이커 땅에는 신학교를 짓고, 14에이커 땅에는 미션스쿨, 65에이커 땅에는 미션대학과 안식년 선교사와 은퇴 선교사를 위한 주택을 지으면 좋겠다는 생각이 스쳐 갔다. 하지만 금방 '돈은 어떻게 마련하지?'라는 고민이 앞섰다.

그런데 노인은 이 모든 땅을 피터가 모두 가질 수 있는 방법이 있다고 하면서, 대신 한 가지 조건이 있다고 했다. 지방정부에 기증 신청을 하는 것과 양도를 위한 서류 준비 절차에 돈이 꽤 들어갈 텐데, 그 비용을 감당해 달라는 것이었다. 비용이 만만치 않았는데 모두 1,400만 루피(한화 약 1억 7,000만 원) 정도가 필요하다고 했다. 그리고 14에이커 땅에 아이들을 위한 학교부터 먼저 세워 달라고 하면서, 그 땅의 기증 절차를 위한 각종 부대비용으로 약 300만 루피(한화 약 4,800만 원)가 필요하다고 했다.

미션스쿨을 위한 땅 매입 계약을 하다

넓은 부지를 좋은 조건에 매입할 수 있는 제안을 받았지만, 피터는 수중에 돈이 한 푼도 없었다. 불과 몇백만 원이 드는 학교 운영도 근근이 꾸려가는 형편이었다. 하지만 신학교를 위한 땅을 놓고 전부터 기도해 왔기 때문에 뒤로 물러설 수는 없었다. 노인이 돈은 천천히 주어도 좋다고 하기에, 일단 기도해 보고 나중에 알려 주겠다고 하고 집으로 돌아왔다. 피터는 그때까지 희미했던 기도의 초점이 이제는 분명해졌기 때문에 분명한 목표를 두고 본격적으로 기도하기 시작했다. 신학교 교수들과 학생들도 모두 그 땅을 위해 합심해서 기도에 동참했다.

얼마 후 피터는 다시 노인을 찾아가서 소량의 금액을 지불하고, 1만 7,000평 부지에 대한 가계약을 맺었다. 마을 주민들이 가장 원하는 것이 미션스쿨이었고, 땅 주인도 미션스쿨부터 시작하는 조건으로 땅을 팔겠다고 했기 때문이다. 그리고 피터와 그의 부인은 주위 가까운 친지들에게도 기도를 부탁했다. 어떤 이는 헌금을 하기도 하고, 어떤 이는 급하면 돈을 빌려줄 수 있다고 했다. 그래서 수십 명의 사람들이 적게는 십만 원부터 많게는 수백만 원까지 헌금하거나 빌려주었다. 피터는 돈을 빌리면서 꾼 돈은 나중에 돈이 생기면 갚겠다고 하면서도, 상환 시기는 약속할 수 없다고 말했다. 그럼에도 큰돈을 선뜻 빌려주는 이들도 많았다. 피터의 부인은 헌금하거나 돈을 빌려준 모든 내역을 공책에 꼼꼼하게 다 기록했다.

이렇게 해서 필요한 4,800만 원을 여기저기서 십시일반으로 마련하기까지 약 2년의 시간이 걸렸다. 마음은 급했지만, 하나님께서는 인내하는 훈련을 시키셨다.

미션스쿨을 위한 땅을 둘러보는 피터 선교사

14에이커 땅에서 미션스쿨을 시작하다

2018년도에 들어 1만 7,000평짜리 땅의 기증 절차가 시작되는 즉시 미션스쿨부터 시작하였다. 땅을 기증한 노인을 포함하여 동네 어른들과 논의하여 유치원부터 초중고 과정의 학교를 세우기로 하고, 우선 유치원 과정과 초등 1, 2학년 과정부터 시작하기로 했다. 급한 대로 대나무 패널로 학교 건물을 지었다. 순회 전도 목회자였다가 은퇴한 피터의 부친을 포함하여 피터의 동생들이 함께 3일 동안 교실 3개를 붙여서 만들고, 3명의 교사들과 관리인이 머물 수 있는 숙소도 그 옆에 지었다.

교실을 다 만든 직후부터 학생들을 모집했는데, 불과 몇 주 안에 학부모들이 무려 50여 명의 아이들을 데리고 왔다. 이미 지난 2년간 그 땅에서 학교를 시작할 거라는 소문이 마을 안에 돌았기 때문에, 주민들이 얼른 학교가 생기기를 기대하고 있었던 것이다. 학부모들은 대나무 패널로 만들어진 변변치 않은 시설인데도 개의치 않고 기꺼이 자녀들을 보내 주었다. 심지어 힌두교 가정의 부모들도 자녀를 보냈는데, 기독교인이 운영하는 학교는 수준이 높고 신뢰할 수 있기 때문에 보낸다고 했다.

그리고 매 주일에는 피터의 동생인 카이리딘 목사가 교실을 활용하여 예배 모임을 시작했다. 처음에는 매주 약 20명의 동네 사람들이 예배에 참석했는데, 그들 중 일부는 전에 신학생들의 전도로 예수님을 알게 된 사람들이었다.

미션스쿨을 시작하자 그 노인은 이제는 피터를 믿을 수 있게 되었다고 하면서 나머지 땅들도 매매 계약을 하자고 했다. 그래서 피

에덴미션스쿨의 현재 모습(위)과
교실 내 일부 학생의 모습(오른쪽)

터는 믿음으로 1에이커 땅과 65에이커 땅에 대한 계약을 맺었다.

앞서 가장 먼저 구입했던 14에이커 땅에서 미션스쿨을 시작한 지 6년이 지난 2024년 현재, 학급 숫자가 늘어나서 약 300명의 학생이 이곳에 다니고 있다. 건물은 모두 시멘트로 다시 지었고, 작은 운동장도 구비하게 되었으며, 교사 숫자도 더 많아졌다.

이현국 목사와 피터, 멘토-멘티 관계 다시 시작

그즈음 피터를 후원하던 필자는 그가 시작한 신학교를 처음으로 방문했다. 아직 빌린 수양관을 신학교로 사용하고 있을 때였다. 필자는 학교 운영 상황을 보고, 신학교 건축 예정지를 방문하여 땅 주인이 보여 주었던 모든 땅을 둘러본 다음 미션스쿨이 운영되는 모습도 둘러보았다. 그리고 신학교 건축에 비용이 얼마나 드는지 물어 보자, 그는 1에이커 땅의 정지 작업과 신학교 본관 건물 1층까지 건축에 약 4,000만 원이 필요하다고 했다. 필자는 4,000만 원 중에 2,000만 원을 지원해 주겠다고 했다. 피터는 깊은 감사를 표했다. 피터는 이 헌금 약속을 신학교 건축을 시작하라는 하나님의 음성으로 받아들였다. 이로써 그동안 엄두도 못 내고 있던 신학교 건축 공사를 우선 시작할 수 있게 되었다. 또한 피터는 나머지 비용도 하나님께서 다 채워 주실 것이라는 강한 확신을 갖게 되었다.

이때부터 필자와 피터 간에 멘토-멘티의 관계가 긴밀하게 시작되었다. 지난 2013년도에 마니푸르주 C 신학교와 운화교회와의 관계가 끊어진 직후부터, 필자가 인도 선교에 대해 다시 생각하던 기간에 피터와의 관계도 뜸해졌다. 그러다 이때부터 필자와 피터가 해마다 교대로 인도와 한국을 오가며 교제하면서 필자의 본격적인 멘토링이 진행되었다.

신학교 건축의 시작과 중단

2018년 3월경, 운화교회가 보내온 헌금 덕분에 1,200평짜리 신학교 부지의 정지 작업이 시작되었다. 인건비와 건축 자재값 인상으로 공사가 느리게 진행되다가, 2021년 3월에 가서야 정리된 부지 위에 신학교 건물 1층이 겨우 완공되었다. 그러나 재정 부족으로 건축을 일시 중단할 수밖에 없었다. 그럼에도 신학교는 계속 운영해야 했기 때문에 1층에서 수업을 진행했다. 그리고 대나무 패널로 건물 주위에 남녀 기숙사와 식당을 임시로 지었다. 비가 오면 학생들은 새는 비를 막아가며 불편한 생활을 감수할 수밖에 없었다. 그래도 모두가 제자훈련에 비전을 두고 찾아온지라, 그다지 불평하지 않고 잘 참아 주어서 감사했다. 교수들은 근처 숙소를 구하기도 했고, 아니면 멀리서 출퇴근할 수밖에 없었다.

피터는 학생들의 이런 모습을 지켜보거나 건축이 중단된 건물과 비만 오면 진흙탕으로 변하는 운동장을 볼 때마다, 하나님 앞에 더욱 간절히 매달릴 수밖에 없었다. 학생들도 피터의 마음을 알고 수업이나 예배 때나 각종 모임 때마다 건축을 위해 간절히 기도했다. 이런 와중에도 주말이 되면 모두 전도지를 들고 마을로 들어가 주민들에게 전도하기를 게을리하지 않았다(그 결과 2024년 6월에 신학교 근처에서 예수님을 믿게 된 주민들을 중심으로 하종푸르교회가 개척되었다. 이후 이 교회는 교회당도 건축하고 자립 교회가 되었다). 하지만 건축을 계속할 수 있는 재정에 대한 전망은 별로 보이지 않았다.

뜻밖의 기적이 일어나다

신학교 건축이 지지부진하며 2년 여가 지난 2023년에 신학교가 위치한 동네 인근 지형에 변화가 생기게 되었다. 신학교에서 불과 100여 미터 떨어진 곳에 새로운 도로가 놓였는데, 인도와 중국 정

경부고속도로에 있는 표지판. 이 도로가 장차 인도까지 연결될 것이다.

부의 합작으로 아시안 하이웨이 1번 고속도로 일부가 건설되기 시작한 것이다. 이 도로는 일본에서 시작하여, 한국과 중국과 인도를 거쳐 튀르키예까지 연결이 예정된 도로였다. 그러자 갑자기 인근의 땅값이 폭등하기 시작했는데, 피터가 외상으로 매입 계약을 해 두었던 땅의 가격도 함께 폭등했다. 장차 이 도로가 완공되면 신학교에서 한국까지 자동차로도 왕복이 가능하게 될 것이다.

얼마 후에 어떤 사람들이 피터를 찾아와서 피터가 가지고 있던 땅을 사고 싶다고 했다. 피터는 이때 세 필지 가운데 가장 넓은 65에이커 부지 중에서 35에이커(43,000평)를 무려 한화 4억여 원에 팔 수 있었다. 이 돈으로 이전에 친구들과 친지들에게 빌린 돈과 땅 주인에게는 밀린 땅값의 잔금을 다 갚고, 신학교 본관 건물도 3층까지 다 지을 수 있게 되었다. 또한 본관 곁에 예배당을 짓고, 본관 3층과 예배당 1층에 각각 남녀 기숙사 시설도 모두 구비할 수 있었다. 예배당 옆에는 피터 가정을 위한 사택도 지었다. 이런 일에 대해 피터는 나중에 필자에게 이렇게 간증했다.

"하나님께 '땅 1,200평만 주십시오' 하고 기도했는데 하나님은 저를 땅 부자로 만들어 주셨습니다."

BTS신학교 전경

BTS신학교 교수진(앞줄)과 졸업반 학생들

2024년도 졸업식

더 놀라운 기적: 세워진 제자들과 개척된 교회들

기적적인 신학교 완공보다 더 놀라운 것은 신학교를 통한 영적인 열매들이다. 피터는 완공 후에 신학교 명을 BTS신학교로 바꾸고, 지난 2014년도부터 시작했던 사역을 더욱 가속화하였다. 그동안 피터가 세운 제자들만 하더라도 핵심 제자만 40여 명이고, 이들 40명 아래에는 70여 명의 제자가 있고, 또 그 아래에는 수백 명의 제자가 있다. 이 모든 이들을 통해 개척된 교회들은 1,000여 개 이상에 이른다. 이 외에 소규모의 그룹으로 된 셀교회들은 더 많다. 이들 중에서 피터가 신학교 교수들과 학생들과 함께 직접 개척한 교회만 해도 143개에 이른다.

이 1,000여 개 교회들 중 상당수는 아직 가정교회 수준의 미자립 교회이지만, 그중 수백 개의 교회는 성도들이 자기들 땅을 기증하거나 헌금하여 땅을 사서 교회를 건축하고, 목회자를 세워서 재정적으로 자립하고 있다. 피터 선교사는 제자들에게 자립할 것을 강조하며 권면한다. 나머지 교회들도 계속 새로운 제자들이 자라나고 있으니 자립하게 될 것이다.

교회들은 처음에는 새신자들 중 한 가정의 집에서 모이다가, 모임이 더 커지고 신자들 중에 누군가 땅을 기증하거나 땅을 살 수 있는 재정이 생기면 대나무로 교회를 세운다. 그리고 형편이 더 나아지면 시멘트 건물을 세운다. 이때쯤 되면 전임 목회자를 세워서 사례를 주고 신학교에도 보내며, 그가 신학교를 마치고 나면 전임 목회자로 임명한다.

BTS신학교는 신학교 주위의 힌두교인이 다수인 하종푸르 마을에도 섬김과 전도를 통해 하종푸르교회를 개척했다. 현재 70여 명 이상의 교인이 모이고 있는데, 아직은 평신도 지도자가 인도하고 있으나 재정적으로는 자립했고, 올해 초에 시멘트로 교회 건축도 마쳤다. 이 교회를 개척하기 전에 4명의 힌두교 사제들이 이 마을에 와서 땅을 사놓고 힌두교 사원을 지으려고 했다. 그런데 신학교의 전도 활동으로 마을 사람들 중에 점차 예수님을 믿는 사람들이 많아지고, 심지어 힌두교 사제들 4명도 복음을 듣고서 그중 2명이 예수님을 믿게 되자 나머지 사제들은 사원 건축을 포기해 버렸고 그 땅은 빈터로 남게 되었다.

BTS신학교는 새신자들과 교회 지도자들을 더욱 효과적으로 훈련하기 위해 6개 지역에 제자훈련센터를 설립하였다. 피터의 제자들이 전도를 통해 세운 교회들을 대상으로 제자훈련을 하기 위해 세웠는데, 각 센터는 3개월 주기로 1년 내내 개척된 교회들의 지도자들을 대상으로 훈련을 진행하고 있다. 제자들이 각 센터를 책임지고 운영하고 있으며, 피터 선교사는 매년 한 주간씩 6개의 센터를 방문하여 훈련에 참여하고 있다. 또 내년 2026년까지 제자훈련센터를 네 군데 이상 더 설립할 계획을 가지고 기도하고 있다. 후보지는 힌두교가 가장 강한 우타르 프라데시, 오릿사, 챠티스가르, 그리고 이웃 나라인 네팔의 카트만두이다.

"세계 복음화는 가능합니다!"

피터 선교사는 지난날들을 돌아보고, 현재 진행되는 사역과 미래의 계획에 대해 얘기하면서 이렇게 고백한다.

"저는 이전에는 세계 복음화가 불가능할 것이라고 생각했습니다. 왜 주님은 불가능한 사명을 주셨을까라는 생각을 자주 했습니다. 그런데 제자 삼는 제자를 양성하는 사역을 하면서, 제자들이 수많은 교회를 개척하고 제자들을 만들어가는 모습을 보면서 생각이 달라졌습니다. 세계 복음화는 가능하다는 확신이 들었습니다. 예수 그리스도께서 우리에게 불가능한 일을 주실 리가 없습니다. 주님은 능히 가능한 일을 우리에게 주셨습니다. 우리가 제자 삼는 제자를 제대로 세우기만 하면 말입니다."

뜻밖의 이야기: 피터와 미국의 다니엘 무어 목사

부임 당시 퀀스턴장로교회 모습

피터 선교사의 인도 선교 사역이 미국의 한 목사의 교회 부흥에 실제적으로 영향을 주기도 했다.

이야기의 시작은 피터 선교사가 미국에서 공부하던 때로 거슬러 올라간다. 피터는 2005년부터 미국에서 공부하는 동안 2007년 방학 때 시카고의 한 기독교 행사장에서 다니엘 무어(Daniel R. Moore) 목사를 처음 만났다. 무어 목사는 당시 피터가 인도에서 온 선교사인 것을 알고 흥미를 느끼고 인도를 한번 방문하고 싶다고 말했다.

무어 목사는 2003년에 미국 보스턴의 고든콘웰신학교를 갓 졸업한 20대의 젊은 나이로 펜실베이니아주 에어빌에 있는 귄스턴(Guinston)장로교회에 부임하여 목회를 시작했다. 그 교회는 미국 독립 이전인 1754년에 창립되어 오랜 역사가 있었는데, 무어 목사가 부임할 당시는 연로한 성도들 50여 명이 출석하는 조그만 규모의 교회였다.

무어 목사는 목회를 하는 동안, 이미 공부를 마치고 인도로 돌아간 피터 선교사를 수차례 방문했다. 이때 그는 피터가 신학생들을 데리고 지역사회와 선교지에 나가서 섬김 활동을 하면서 거리 전도와 축호 전도를 하는 현장을 따라다니며 그들의 활동하는 모습을 주의 깊게 지켜보았다. 특히 무어 목사는 그들이 가가호호 방문해 전도지를 돌리며 개인 전도를 하는 모습에 깊은 인상과 큰 도전을 받았다. 그는 신학교에 다닐 때 전도는 한 번도 해본 적이 없었고, 목회 실습도 실천신학 시간에 외부에 나가 결혼예식과 장례예배를 인도해 본 것이 전부였기 때문이다. 그는 피터의 전도 활동을 지켜보면서 자신도 미국에 돌아가서 그렇게 해야겠다고 마음을 먹었다.

무어 목사는 미국에 돌아온 즉시 교회 주위의 동네에서 집집마다 다니면서 전도지를 돌리며 전도하기 시작했다. 처음엔 두려움으로 시작했는데, 만나는 사람들이 의외로 호의적이었다. 그는 자신감이 붙어서 더욱 열정적으로 사람들을 만났다. 그때부터 이전에 신앙생활을 하다가 교회를 떠났던 사람들부터 시작해서 불신자들까지 교회에 나오기 시작했다. 신자 수가 빠른 속도로 늘어나더니 2022년에는 교인이 200명 이상으로 늘어났다. 교회당이 너무 비좁아지자, 교인들은 기존 교회당 옆의 부지에 새로운 교회당을 건축하기로 결정하고, 2023년 초에 건축을 시작하여 연말에 완공하게 되었다.

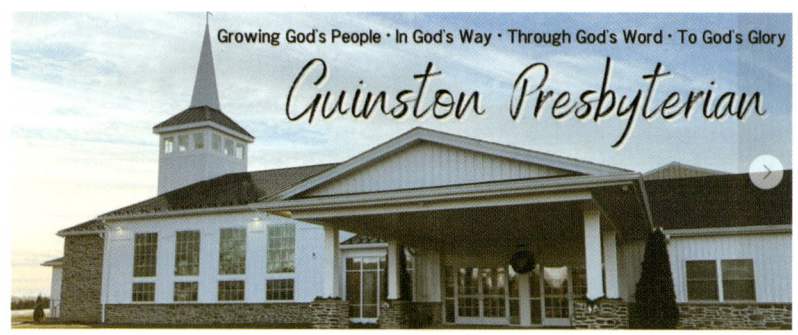

권스턴장로교회 신축 교회당(출처: 교회 홈페이지)

그리고 이 기간 중에 일어난 더 놀라운 에피소드가 있다. 무어 목사는 목회 중에 미국 보스턴에 있는 그의 모교인 고든콘웰신학교를 방문하여 총장을 만나 다음과 같은 대화를 나누었다.

    총장: 미국 장로교회가 죽어가고 있는데 길이 보이지 않는군요.
    무어: 장로교회가 다시 살아날 수 있는 방법이 있습니다.
    총장: 아니, 어떻게 살아날 수 있나요?
    무어: 총장님, 제게 재학생 7명을 방학 때 목회 실습을 위

해 보내 주세요. 그러면 장로교회가 살아날 수 있다는 걸 보여 드리겠습니다.

총장은 무어 목사에게 7명의 신학생을 보냈다. 무어 목사는 이들을 데리고 동네의 가정을 방문하면서 전도하는 모본을 보여 주고, 전도하는 방법과 새신자를 양육하는 방법을 훈련시켰다. 그 신학생들은 나중에 신학교를 졸업한 후에 다시 돌아와서 각기 7개의 다른 지역으로 흩어져서 전도하면서 각자의 교회를 개척했고, 현재 개척한 교회들에서 목회하고 있다.

향후 비전: 미션대학(Mission College) 설립을 통한 기독교 지도자 양성

피터 선교사에게는 아직 남은 땅이 있다. 8만여 평 땅에서 일부를 팔아서 빚을 갚고 신학교와 교회당을 건축하고도 남아 있는 36,000평이 바로 그것이다. 그는 그 땅에 미션대학을 지어서 기독교 지도자들을 양성하여 사회를 총체적으로 변화시키려는 비전을 이루고자 한다. 사회 각 분야에서 역시 제자 삼는 제자를 양성할 수 있는 일꾼들을 키우겠다는 것이다.

미션대학에는 먼저 경영학과를 개설하여 기독 비즈니스맨을 양성하려고 한다. 그가 속한 나가족은 복음화가 이뤄져 신자들은 많지만 모두 산지 부족 출신들이라 비즈니스 마인드와 기술이 매우 부족하다. 그래서 비즈니스계에 별로 진출하지 못하고 있다. 따라서 헌신된 기독 비즈니스맨들을 훈련하여 선교사들을 위한 후원자로 개발할 뿐 아니라, 이들을 내보내어 가장 부패한 인도 비즈니스계의 문화를 변화시키고자 한다.

나아가 미션대학 안에 다양한 학과들을 개설하여 나갈랜드 사회의 모든 분야를 변화시킬 지도자를 양성하고자 한다. 사실 나갈랜드는 인도에서 가장 복음화가 잘되어서 많은 선교사들을 배출하고 있지만, 정작 나갈랜드 사회 자체는 몹시 부패해 있다. 복음이 정치, 문화, 경제, 정부, 지역사회 등 모든 영역을 성경적으로 변화시키지 못했기 때문이다. 교회와 신학교가 오직 내세의 구원만 강조할 뿐, 이 땅에 하나님 나라를 구현하고자 하는 비전이 없었다. 피터 선교사는 이런 상황을 변화시키고자 하는 비전을 갖고 있다.

나아가 피터 선교사와 그의 제자들을 통해 개척된 1,000개의 교회들과 함께 동역하면서, 지역사회를 변화시킬 수 있는 일꾼들도

미션대학 설립을 위한 36,000평 부지의 일부. 멀리 피터 선교사가 보인다.

이 미션대학을 통해 양성하고자 한다.

또 하나의 비전은 미션대학 부지 안에 일부분을 확보하여 파송한 선교사들을 위한 노후대책으로 은퇴 하우스촌을 조성하는 것이다. 피터 선교사는 그가 키운 제자들이 여러 미전도 지역에 나가서 헌신적으로 교회를 개척하고 제자들을 양성하는 일에 충성을 다하고 있는데, 그들을 보낸 선생으로서 그들의 노후에 대한 책임 의식을 갖고 있다. 따라서 그들이 안심하고 하나님의 일에 모든 것을 다 바칠 수 있게 하고, 돌아오면 남은 생애 동안 후진 양성에 힘쓰면서 안식할 수 있도록 뒷바라지를 다하고자 한다.

미션대학은 이런 피터 선교사의 비전을 이루기 위한 통로가 될 것이다. 피터는 이 비전에 함께할 동역자들이 나오기를 하나님께 기도하고 있다.

"추수할 것은 많되 일꾼이 적으니 그러므로 추수하는 주인에게 청하여 추수할 일꾼들을 보내 주소서 하라"(마 9:37-38).

2. 피터 선교사의 '제자 삼는 제자 양성' 이야기

BTS신학교는 제자 양성소이다. 제자 삼는 제자를 양성하는 곳이다. 피터 선교사는 그가 시작한 BTS신학교에서 제자 세우는 일에 초점을 두고 모든 역량을 쏟았다. 이것이 10년 만에 1,000여 개의 교회를 개척하게 한 핵심 비결이다.

물론 제자 양성 하나만으로 모든 일이 이뤄지는 것은 아니다. 그에게 핵심인 제자 양성은 소프트웨어에 해당한다. 따라서 이런 소프트웨어를 구동할 하드웨어가 필요하다. 여기서 하드웨어는 먼저 BTS신학교이다. 다음은 개척된 교회들, 그리고 개척된 교회들의 인근 지역에 세워지는 제자훈련센터(DTC)이다. 그리고 이런 소프트웨어와 하드웨어를 모두 연결시키는 것은 '선순환 사역 모델'이다.

무슨 일이든지 기초를 만드는 일은 힘들다. 시간이 걸리고 열매가 속히 나오지 않기 때문이다. 피터 선교사는 2014년에 처음엔 17명의 신학생들을 데리고 제자 세우는 일을 시작했다. 학생들은 다른 신학교들을 거쳐서 피터에게 왔다. 전에는 교실에서 공부하고 시험을 거쳐 성적을 얻어서 졸업하는 형식으로 신학교에 다니던 학생들이었다. 이런 학생들에게 교실 수업만이 아니라, 밖으로 데리고 나가서 전도하고 섬기고, 믿게 된 새신자들을 양육하는 훈련을 시킨다는 게 쉽지 않았다. 그런데 시간이 지날수록 신학생들이 변화하기 시작했다.

피터는 주말마다 신학생들을 몇 개의 소그룹으로 나누어서 지역사회로 내보냈다. 그 자신도 나가서 섬김과 전도 활동을 함께 했다. 그리고 방학 때가 되면 몇 주간씩 교회가 없거나 복음이 전해진 적이 없는 지역으로 학생들과 함께 떠났다. 기차를 타고, 버스를 타고, 때로는 비포장길이나 산길을 걸어서 미전도 지역으로 갔다.

이런 과정을 통해 신학생들은 이제 전도가 무엇인지, 제자훈련이 어떤 것인지, 사역이 무슨 뜻인지, 교회가 무슨 일을 해야 하는

지, 신학 내용은 어떻게 활용하는 것인지, 교실 수업과 사역 현장은 어떻게 연결하고 통합해 나가야 하는지에 대해 점점 깨닫기 시작했다. 머리만으로가 아니라, 몸으로 직접 뛰면서 배운 것이다.

피터는 이렇게 하면서도 이런 훈련이 나중에 얼마나 놀라운 결과를 가져올지 미처 몰랐다. 다만 제자를 세우는 것이 성경적이고 주님이 하신 일이며, 또 필자와 철저히 약속한 일이고, 본인도 확신한 일이었기 때문에 모든 열정과 에너지를 쏟은 것이다. 초기의 이런 헌신이 좋은 밑거름이 되어 나중에 훌륭한 열매로 돌아왔다. 이때 훈련된 제자들 중에 나중에 1,000개 교회를 개척하는 데 소중한 주춧돌 역할을 한 일꾼들이 세워졌다. 그들이 교회를 개척하면서 또 다른 제자들을 세우고, 특히 개척된 새 교회의 지도자들을 집중적으로 훈련시킬 수 있는 제자훈련센터까지 설립하기에 이르렀다.

여기서 피터가 초기에 처음 세웠던 1대 제자들을 통해 2대, 3대로 이어진 계보를 간단하게 소개한다.

아래 그림은 피터가 그동안 세웠던 제자들을 기억하면서 불과 20분 안에 단숨에 그린 것이다. 그가 양성한 핵심 제자는 40여 명으로, 시간을 들여서 깊이 있게 세운 제자 혹은 1대 제자들과 동역하면서 세워 나간 이들이다. 피터는 이들 모두와 지금도 지속적으로 교제하면서 멘토링하고 있다.

그림을 보면, 피터가 직접 훈련시킨 1대 제자는 7명이다. 이 7명을 통해 재생산된 2세대의 제자들이 있고, 그 아래 다시 재생산된 3대 제자들이 있다. 좀더 빠른 제자들은 현재 4대 제자들을 키우고 있다. 물론 모든 제자들이 기대한 대로 성장한 것은 아니었다.

중간에 피터를 떠나간 이들도 있다. 필자가 기억하기에도 과거에 피터에게 좋은 제자라고 소개받았지만, 몇 년이 지난 후 더는 볼 수 없게 된 이들이 있었다.

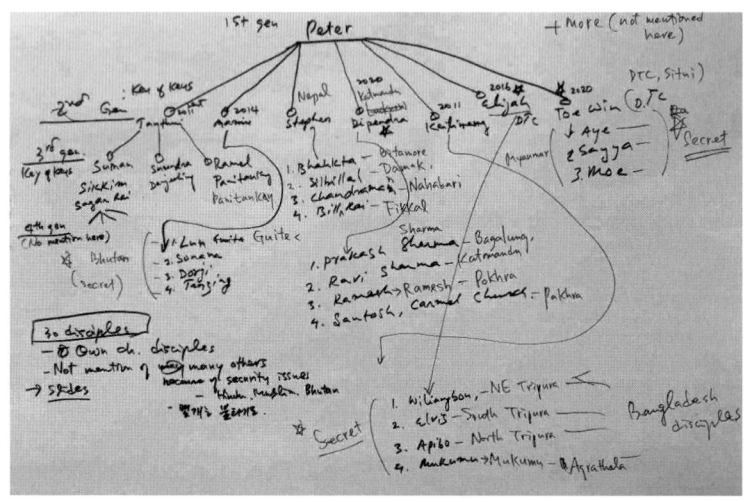

피터가 훈련시킨 1대 제자들과 2대, 3대 계보

현재 7명의 핵심 제자들 중에서 6명이 6개 지역에 세워진 제자훈련센터 운영의 책임을 맡고 있다. 6명 이외의 나머지 1명은 미얀마의 복음이 한 번도 전해진 적이 없는 곳에서 사역 중이다.

이 그림을 소개하는 이유는, 세계 복음화라는 중차대한 미션을 성취하는 비결이 바로 '또 다른 제자를 삼는 제자', 즉 재생산할 수 있는 제자를 세우는 데 있음을 보여 주기 위함이다. 피터는 바로 이런 사역을 통해 지난 10년간 1,000개 이상의 교회를 개척할 수 있었다. 이 그림을 도표로 정리하면 다음과 같다.

				피터			
탄투이	M	스티픈	디펜드라	카일리낭	엘리야	T	
수만 시킴 사가라이 스문드라 라말 파니탕키	룬구이테 소나마 도르지 탄징	박타 실빌랄 찬드라만 빌라이	프라카시 라비샤르마 라메쉬 산토쉬	윌리앙보 엘비스 아피보 무쿠마	박타 실빌랄 찬드라만 빌라이	아이 사이야 모에	

　이 도표에서는 피터 아래의 1대와 2대 제자들까지 소개되어 있다. 1대 제자들은 현장에서 교회를 개척하면서 2대 제자들을 양육했다. 이 도표에는 2대 제자들까지만 나와 있다. 3대 제자, 곧 2대 제자들이 만들어 낸 결과들에 대한 구체적인 사역 통계는 부록 2에서 따로 소개한다.

3장
피터의 핵심 제자 6명의 사역:
제자들이 제자를 세우는 이야기

　이 장은 피터 티우마이 선교사에게서 직접 훈련받은 1세대 제자들의 사역에 대한 이야기들이다. 피터에게는 40여 명의 핵심 제자들이 있는데, 그중 6명의 사역 이야기를 추려서 소개하고자 한다.
　이 6명의 제자들은 각기 다른 지역과 상황에서 각기 다른 스타일로 사역하고 있다. 어떤 이는 직접 전도하는 데 중점을 두고, 어떤 이는 미션스쿨이나 제자훈련센터를 통해서 일한다. 또한 이들의 성격도 서로 달라서, 누구는 직접 전도지를 들고 저돌적으로 사람들에게 접근하지만, 또 누구는 민감한 지역에서 조용하면서도 은밀하게 사역한다. 하나님은 각자의 은사와 개성을 통해 가장 적합하게 사용하신다. 그러나 유일한 한 가지 공통점은 이들 모두가 제자 삼는 제자를 양성하는 데 초점을 두고 있다는 점이다.

피터 선교사가 세운 BTS신학교와 그가 훈련한 모든 제자들, 그리고 그들을 통해 세워진 또 다른 제자들을 통해 지난 2014년부터 최근 2024년까지 10년간 무려 1,000개 이상의 교회가 개척되었다. 이 숫자 안에는 피터 티우마이 학장이 BTS신학교 학생들과 직접 개척한 143개의 교회가 포함되어 있다. 이에 대한 전체 통계는 이 책의 끝에 있는 부록에서 소개하기로 하고, 여기서는 피터의 핵심 제자들 40여 명 중에서 지면상 6명의 사역 이야기만 나누고자 한다.

1. 엘리야 선교사

엘리야(Elijah) 선교사는 1986년생으로 현재 39세이며, 가족으로 아내와 어린 두 자녀, 그리고 아내의 복중의 태아가 있다. 그는 12남매에서 열 번째 아들로 태어났는데, 가족 중 처음으로 고등학교에 진학했고, 유일하게 전임 목회자가 되었다. 그가 태어난, 마니푸르주 수도인 임팔에서 60킬로미터나 떨어진 시골인 테드롱 마을은 전기도 없고 버스도 들어오지 않았다. 그 때문에, 가장 가까운 공립초등학교조차도 매일 왕복 35킬로미터를 걸어서 다녀야 할 정도였다.

2005년, 그는 고등학교 졸업을 앞둔 마지막 주간에 신앙수련회에 참석하였는데, 거기서 주님께 자신의 삶을 드리면서 전임 사역자가 되기로 헌신했다. 그러나 집안이 가난했기 때문에 통신 과정으로 학사 학위를 따서 초등학교 교사가 되었다. 학교에서 가르치는 동안 그는 계속해서 "언제까지 하나님으로부터 피하려 하느냐?"라는 성령의 강권하심에 고심하다가 결국 학교를 그만두고, 2010년에 마니푸르주의 한 신학교에 갔다.

그가 신학교에 갔을 때, 당시 미국 유학을 마치고 돌아와서 학감으로 일하던 피터 티우마이 선교사를 처음 만났다. 그는 피터 교수의 메시지와 강의 내용에 깊은 인상과 도전을 받았는데, 그의 확신에 찬 가르침과 실제적인 내용을 듣고, 또 그가 인도한 주말 전도 행사에 참여하면서 복음의 능력을 새롭게 체험하였다. 거기서 예비 목회학석사(Pre-M.Div.) 과정을 마치고 난 후, 학업을 계속 할까 고민하던 중 피터 교수가 그 신학교를 떠나 다른 곳에서 신학교를 개교했다는 소식을 들었다. 그는 주저 없이 피터가 2013년도에 개교한 BTS신학교(당시 BGSTM)로 갔다.

트리푸라주 선교사로의 부르심

엘리야 선교사는 2014년부터 2016년까지 2년 동안 BTS신학교의 사역 현장 친화적인 신학 교육 과정을 거치면서 전도, 제자훈련, 교회 개척에 대한 열정과 자신감을 갖게 되었다. 그러다 2016년 2월에 BTS신학교 목회학석사 과정과 졸업식을 마친 후 '이제 어디로 가야 하나?'라는 질문에 잠시 빠졌다. 그 문제를 놓고 생각하며 기도하는 중에 지난 2014년도에 1학기를 마치고 일부 신학생 그룹의 일원이 되어 남쪽에 있는 트리푸라주로 전도여행을 갔을 때의 강한 기억이 떠올랐다. 당시 누군가 여행 경비를 후원해 주어서 갈 수 있었다. 거기서 어느 날 아침에 신학교에서 늘 하던 것처럼 아침 경건회를 하는데, 에스겔서 37장 2절의 "나를 그 뼈 사방으로 지나게 하시기로 본즉 그 골짜기 지면에 뼈가 심히 많고 아주 말랐더라"라는 말씀이 가슴을 울렸다. 이 말씀을 보는 순간, 그는 트리푸라주의 영적 상황이 마치 마른 뼈처럼 여겨졌다.

트리푸라주는 인구가 약 420만 명(2021년 통계)으로, 종교는 힌두교가 312만 명(74%)으로 다수이고, 이슬람교는 80만 명(11.5%), 기독

트리푸라의 위치(빨간 화살표)

트리푸라주 주도 아그라탈라 시내에서는 어디서나 소를 볼 수 있다.

교는 33만 명(7.8%) 정도로 아주 적다. 특히 목회자 숫자가 너무 적어서 목회자 1명이 15개 내지 20개의 교회들을 돌보는 형편이라 교회 성장이 더딘 편이다. 게다가 이전에 기독교인이었던 사람들을 위한 제자훈련의 부족으로, 이들 중 다수가 다시 힌두교로 돌아갔다. 이들의 신앙을 되돌린다는 것은 힌두교인을 새로 전도하는 것보다 더 힘들다.

이런 상황에서 엘리야는 하나님께서 그를 그곳으로 부르시는 것 같은 강한 감동을 받았던 이전의 기억이 떠올랐다. 그리고 하나님께서 자기를 그곳으로 부르심을 확신하고, 고향 지역에 가서 여러 교회들을 방문하며 선교의 필요성을 알리고 후원을 부탁했다. 그러나 수개월 동안의 노력에도 후원하겠다는 교회가 전혀 나오지 않았다.

첫 가정교회, 엘로힘(Elohim)교회 개척

고민 끝에 엘리야는 같은 해인 2016년 5월에 피터 학장을 찾아가 상담을 했다. 피터 학장은 이렇게 말했다.

"내가 가진 게 없어서 후원하겠다고 말하기는 어렵습니다. 대신 기도해 드리겠습니다. 그런데 만약 하나님의 부르심이 확실하다는 믿음이 있다면 일단 가 보시는 게 좋겠네요."

이런 조언에 엘리야는 매우 당황했지만 기도 중에 결단하고 가기로 했다. 수중엔 단돈 2,000루피(한화 약 34,000원)뿐이었다. 현지에 아는 사람도 없고 혼자서 일을 시작해 본 적도 없었지만 마태복음 28장 20절의 "내가 세상 끝날까지 항상 너희와 함께 있으리라"라는 예수님의 약속을 의지하고 가기로 했다.

거리 전도를 하는 엘리야 선교사

거리 전도를 하는 엘리야 선교사

    다음 달인 6월 말에 트리푸라주에 도착한 엘리야 선교사는 적당한 사역 지역을 찾느라 여기저기 돌아보던 중, 마침 다른 지역에서 온 비스와낫(Biswanath) 목사를 만났다. 그 역시 막 선교사로 온 사람이었다. 그의 배려로 엘리야는 그의 숙소에 머물면서 함께 사역 지역을 물색했다. 두 사람 모두 당시는 미혼이었다. 둘은 여러 지역을 돌아보면서 기회가 생기는 대로 전도했다.

    그러던 중에 한 가정이 예수님을 믿게 되었고, 엘리야는 매주 이 가정을 방문하여 가정예배를 함께 드리면서 성경을 가르치기 시작했다. 그 가정에는 시각장애가 있는 17세 된 딸이 있었는데 부모는 그 딸이 저주를 받았다고 여겼기 때문에 예배 모임 때마다 집 밖으로 나가 있으라고 했다. 그러나 그 딸은 집 밖에서 창문을 통해 복음을 다 듣고 있었다. 그러던 어느 날 예배 모임을 하는 도중에 그녀가 창문 사이로 고개를 내밀며 "저도 예수님 믿을래요"라고 하는 게 아닌가! 그녀의 부모와 다른 식구들과 엘리야까지 모두 놀랐다. 그리고 그녀를 방으로 들어오게 했는데 그녀는 예수님을 영접하는 기도를 한 후에 울기 시작했다. 식구들은 처음엔 당황했지만 곧 모두 함께 축하해 주며 즐거워했다. 그 후 다른 몇몇 이웃 가정들이 믿게 되면서 12월에 엘로힘교회라는 이름으로 첫 가정교회가 시작되었다.

시각장애인 딸은 비록 앞은 못 보지만 음악적 재능이 뛰어나서 부르는 모든 찬송가를 다 암송할 정도였기에 모임 때마다 찬양을 인도하게 되었다. 그로부터 7년이 지난 2024년 현재, 이 교회는 80여 명의 성도가 모일 정도로 성장하여 자립하였고, 처음부터 동역했던 비스와낫 목사가 목회를 담당하고 있는 중이다.

이렇게 활동하는 동안 엘리야는 방문하는 마을마다 많은 아이들이 뛰노는 모습을 보면서 가까운 지역 안에 학교가 없다는 사실을 발견하고, 학교 사역이 효과적인 선교 전략이 될 수 있겠다는 생각을 갖게 되었다.

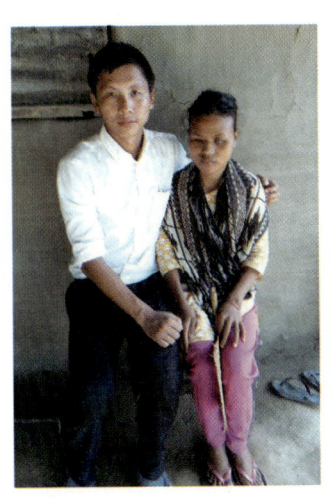

엘리야 선교사와 시각장애 소녀

엘리야는 선교의 방향을 정한 다음에 다시 고향 마을로 돌아왔고, 이듬해인 2017년 1월 말에 전부터 교제했던 한 자매와 결혼했다. 신혼여행은 생각도 못 하고, 신혼생활을 누릴 겨를도 없이 결혼식 후 불과 사흘 만에 부부는 트리푸라주로 떠

엘로힘교회 성도들이 교회 건축을 시작하다

났는데, 이를 가상하게 여긴 장인께서 8만 루피(140만 원)를 주셨다. 아내는 간호사였기 때문에 트리푸라주에 가자마자 정부 병원에 취업해 아내의 월급으로 생활비를 충당했다.

엘리야는 전도할 겸, 학교를 시작할 만한 장소도 찾을 겸 마을들을 방문했다. 각 마을들은 서로 가까이 혹은 멀리 떨어져 있는 데다 대중교통도 없어서 주로 걸어서 다녔다. 그는 어릴 때부터 산골 오지에서 자랐기 때문에 걷는 것만큼은 자신이 있었다.

10월 어느 날, 그가 쥬얼파라 마을을 방문했을 때, 한 주민이 엘리야 선교사를 불러 세우더니 말을 걸었다.

마을 사람: (의심스러운 표정으로) 왜 우리 마을을 돌아다니고 있나요?

엘리야: 학교를 시작할 만한 곳을 찾는 중입니다. 혹시 아시는 데가 있나요?

마을 사람: (반가워하면서) 오, 그래요? 가까운 곳에 오래전에 버려진 학교가 하나 있습니다. 절 따라오시겠어요?

미션스쿨 '엘림아카데미'를 시작하다

절묘한 타이밍이었다. 그 학교는 개인이 운영하다가 수지타산이 맞지 않아 문을 닫은 곳이었다. 그 주민은 엘리야를 건물 주인에게 안내해 주었고, 주인은 흔쾌히 비교적 싼값에 건물과 부지를 빌려주겠다고 했다. 주인을 따라 한 숲속으로 난 흙길 위로 걸어 들어가는데, 이런 곳에 무슨 학교가 있나 싶었다. 좀더 걸어 들어가니 나무들 사이로 폐허가 된 건축물이 보였다. 오랫동안 사용하지 않아서인지 건물들은 회색 빛에 먼지로 수북했고, 운동장은 잡초로 우거져 있었다. 그래도 교실 건물 앞에 운동장이 있고, 맞은 편에는 식당, 그 뒤엔 사택까지 딸린 매우 훌륭한 곳이었다. 모두 손만 잘 보면 훌륭한 학교 시설이 될 수 있겠다는 생각이 들었다.

엘리야는 장인이 준 목돈을 가지고 그 학교 전체를 빌릴 수 있었다. 그리고 3주 동안 부부는 일꾼들을 고용하여 일단 교실부터 청소하고 정리하고 페인트 칠도 한 후에, 유치원과 초등 1~2학년을 대상으로 엘림아카데미라는 이름으로 미션스쿨을 열었다. 마침 마니푸르주에 있는 교회에서 단기 교사 2명을 보내 주었다.

첫 미션스쿨을 시작한 지역은 다른 주에서 건너온 이주민들이 많았다. 이들은 과거 트리푸라주와 이웃 미조람주 간의 영토 분쟁(인도는 한 나라 안에서도 주 간의 영토 분쟁이 흔하다)으로 인해, 미조람주(미조람 종족이 다수인 주)에서 넘어온 소수민족인 레앙(Reang)족이었는데 매우 가난했다. 이들은 자녀 교육에 관심은 많았지만 정부가 운영하는 학교가 너무 멀리 떨어져 있어서 가까운 학교를 절실히 원했다. 그래서 엘리야의 학교 설립을 환영했다. 그런데 막상 문을 열자 처음에는 9명밖에 오지 않았다. 주민들이 힌두교인이라서 기독교 학교에 선뜻 보내기를 꺼렸던 것이다.

이듬 해인 2018년이 되자 학생이 갑자기 30명으로 늘어났다. 엘리야가 소수의 학생들을 정성껏 가르치며 돌봐주고 학부모 가정들을 방문하여 교육에 대해 대화를 나누며 관계를 쌓은 결과, 주민들 사이에서 학교에 대한 좋은 소문이 퍼진 덕분이었다. 또 마니푸르의 교회에서 파송해 준 단기 교사들이 열정과 성의를 다하여

학생들의 성장 모습을 보여 주는 학부모 초청 행사를 개최하다.

아이들을 사랑으로 돌보고 가르친 공도 컸다.

두 번째 카창(Khachang)교회 개척

엘리야 선교사는 엘림아카데미 운영에도 신경을 썼지만 학부모들과 접촉하는 데 더 많은 시간과 공을 들였다. 그의 목적은 학교 운영뿐 아니라 교회를 개척하는 것이었기 때문이다. 그래서 그는 틈만 나면 의도적으로 학생들의 가정을 방문하였다. 학부모들에게 과일이나 채소를 사 들고 가서 인사하고, 피드백을 받기도 하고, 교제하면서 친분을 쌓았다. 그러면서 영적인 부분에 관심을 보이는 부모들에게는 기도하며 신중하게 접근하여 복음을 전했다. 그렇게 한 가정씩 주님 앞으로 돌아오기 시작하여 열다섯 가정이 되자, 더는 가정마다 돌아가면서 모임을 갖기가 힘들어졌다.

엘리야와 성도들은 안정적인 예배 장소를 위해 기도하기 시작했다. 이때 성도 중에서 힌두교 사제였다가 극적으로 예수님을 믿게 된 이가 자기 땅의 일부를 헌납하였다. 신자들은 모두 도구를 들고 나와 땅을 고르고, 십시일반으로 헌금하여 대나무 패널과 각종 비품을 구입하여 조그만 대나무 교회를 세웠다. 이때 BTS신학교의 피터 학장은 지붕을 얹을 수 있도록 함석판 구입비를 보내 주었다. 교회의 이름은 카창교회로 정했는데, '카창'은 '평화'라는 뜻이다.

교회 헌당예배를 드리기로 한 시점에 필자와 일행들이 멀리 한국에서 방문하여 함께 예배를 드리고 축하해 주었다. 그리고 이날

성도들이 지은 교회 헌당, 중앙의 붉은색 목도리 두른 사람이 엘리야 선교사

카창교회 목회를 위한 목회자 위임식도 함께 가졌다. 목회자는 이 주민들과 같은 부족인 레앙족 출신으로, 엘리야로부터 그동안 제자훈련을 받아오던 충성된 제자인 수미얀 레앙(Sumiyan Reang) 목사였다. 그 이후로 2024년 현재까지 카창교회는 수미얀 레앙 목사가 목회를 담당하고 있다.

세 번째 쉬리돔(Shridom)교회 개척

미션스쿨은 해가 갈수록 학생들이 점차 늘어났다. 2020년에 70명, 2021년에 150명, 2023년에는 200명에 달했다. 학교가 점점 성장해 가던 어느 날, 학교 건물 주인이 찾아와서는 더는 학교를 빌려줄 수 없으니 나가라고 했다. 이유를 물었더니, 자기가 직접 학교를 운영하고 싶다는 것이었다. 그 주인은 자기가 운영할 때는 잘 되지 않아서 폐교했다가, 엘리야 선교사가 운영하면서 학교가 살아나자 이제는 다시 학교를 해보겠다고 나선 것이다.

엘리야 선교사는 할 수 없이 원래의 주인에게 학교를 돌려주고 다른 장소를 물색하기 시작했다.

이듬해 2024년 3월, 엘리야는 기존 장소에서 서쪽으로 한참 떨어진 서부 트리푸라의 쉬리돔 지역의 아이들이 많은 지역에서 더 나은 장소를 찾아내 다시 미션스쿨을 열었다. 유치원부터 초등학교 6학년까지의 과정을 준비했고, 학생들의 집에서 학교가 멀리 떨어져 있어서 등하교하기가 힘들기에 호스텔을 준비했더니 학생도 무려 130명이나 등록했다. 그곳도 힌두교 지역이었지만, 교실에서 찬송과 성경도 가르치면서 기독교식으로 운영했다.

학교를 열자마자 매 주일 학교에서 주일예배를 시작했고, 정기적

쉬리돔 가정교회 성도들과 함께

으로 학부모 모임도 진행하면서 관계를 쌓아 갔다. 예배 때마다 이웃을 돕기 위한 헌금 순서도 마련했더니 주민들이 좋은 반응을 보였고, 반대는 전혀 없었다. 학생들을 통해 가정을 방문하며 기회가 되는 대로 학부모에게 복음을 증거했는데, 이를 통해 다섯 가정이 주님께 돌아왔다. 학생들은 무려 78명이 세례를 받았다. 이들을 위해 학교 건물을 사용하여 쉬리돔교회를 개척할 수 있었다.

2024년 현재, 이 교회는 처음 개척했던 엘로힘교회의 신자들 중에 엘리야로부터 제자훈련을 받은 비노이(Vinoy) 목사가 목회하고 있다.

네 번째 질라파라교회 개척

질라파라교회는 세 번째인 쉬리돔교회보다 늦게 시작했지만, 교회 건축은 더 일찍 이루어졌는데, 그 연유는 다음과 같다.

쉬리돔교회를 개척해 가던 2022년도 어느 날이었다. 엘리야는 트리푸라주에 접한 방글라데시 지역에 있는 한 미전도 종족 마을에서 온 남자를 만났는데, 그 남자를 통해 한 종족에 대한 소식을 듣고 관심을 갖게 되었다. 엘리야는 그 남자와 함께 일단 답사해 보기로 하고 산길을 통해 국경을 몰래 넘어 들어갔다. 그곳은 질라파라 마을로서, 150여 가구가 사는 가난한 농촌 지역이었고, 힌두교 마을이지만 주로 미신을 믿고 있었다. 사람들은 의외로 하나님에 대한 얘기에 관심이 많았고, 전도를 거부하지 않았다.

엘리야는 기도하는 중에, 그곳에 교회를 개척하기로 결심했다.

학교 운영은 첫 번째 개척한 교회에서 제자훈련을 받아 오던 요한 목사에게 맡기고, 엘리야는 기회가 있는 대로 그곳을 자주 방문하여 복음을 전하기 시작했다. 놀랍게도 불과 1년 만인 2023년 10월에 무려 서른다섯 가정(70~80명)이 주님께로 돌아왔다. 이들 새신자들은 처음엔 가정마다 돌아가면서 모였지만, 모임 규모가 커지자 더 넓은 예배 장소를 찾기 시작했다.

그러던 중에 마침 질라파라 마을을 포함한 더 큰 행정구역에서 선출된 지방의원이 질라파라를 방문하여 마을 사람들과 인사를 나누다가, 마을 사람들에게 "당신들의 지역에 필요한 것이 무엇입니까?"라고 물었다. 신자들이 나서서 "우리는 기독교인이 되었기 때문에 마을에 교회가 필요합니다"라고 했다. 그러자 그가 "아, 그래요? 제가 만들어 드리죠"라고 대답하는 게 아닌가! 그는 무슬림이었지만 지역구 주민들한테 표를 얻을 수 있다면 무슨 일이라도 할 준비가 되어 있는 정치가였다. 그는 지방정부 지도자들과 의논하여 교회를 지을 수 있는 땅을 마련해 주었을 뿐 아니라, 건축 후원비 명목으로 10만 다카(한화 약 120만 원)를 지원해 주었다.

2024년 현재, 이 교회는 엘리야가 제자훈련을 해오던 엘비스(Elvis) 목사가 담당하고 있으며, 엘리야는 정기적으로 방문하면서 멘토링하고 있다(교회 사진은 안전상 여기에 넣지 않았다). 그리고 엘비스 목사는 그 사이에 샤이몬(Shaimon)과 마닉(Manik)을 제자로 세워서 함께 또 다른 마을에서 교회를 개척하고 있는 중이다.

트리푸라 제자훈련센터를 시작하다

4개의 교회를 개척하고 난 후, 엘리야 선교사는 개척된 4개 교회의 목회자들과 이 교회 내의 지도자들을 위한 체계적인 제자훈련의 필요성을 느꼈다. 당시 트리푸라주 전체를 통틀어 교단 하나에 신학교도 하나뿐이었고, 불과 7명의 목회자가 총 35개 교회를 돌보고 있을 정도로 일꾼이 심히 부족했다. 심지어 이들은 전도에 관심이 없었고, 제자훈련에 대한 개념조차 없었다.

엘리야는 처음에는 개척한 4개 교회를 정기적으로 방문하며 세운 목회자들을 멘토링하고, 새신자들 중에 뽑은 지도자들을 훈련하였다. 이들은 트리푸라주인 12명과 방글라데시인 2명을 포함한 14명의 핵심 제자들이었다. 하지만 이들을 혼자서 다 훈련하는 데

제자훈련생들과 함께한 엘리야 선교사(앞줄 좌측)와 피터 학장(앞줄 우측)

는 시간과 에너지도 많이 소모될 뿐 아니라, 4개의 교회가 서로 떨어져 있어서 교통비도 큰 부담이 되었다. 그래서 피터 선교사와 의논한 결과, 흩어진 지도자들을 한데 모아서 집중적으로 훈련할 수 있는 제자훈련센터를 시작하기로 했다.

엘리야는 운영하던 미션스쿨 안의 2층짜리 호스텔 옥상에 천막을 치고 나무 칸막이를 세워서 방 4개짜리 합숙 시설을 만들어 체계적인 제자훈련 프로그램을 운영하기 시작했다. 먼저, 핵심 제자들인 14명을 포함하여 차기 지도자가 될 만한 청년들까지 25명을 대상으로 첫 제자훈련 프로그램을 시작했다. 2024년 한 해에 2회 실시했고, 2025년부터는 연 4회 실시할 계획이다. BTS신학교 학장인 피터와 다른 지역에 있는 제자훈련센터로부터 오는 제자훈련가들이 함께 훈련을 진행하고 있다.

다섯 번째 페카파라(Pekwa Para)교회 개척: 제자훈련센터의 첫 열매

세 번째로 개척한 쉬리돔교회를 맡고 있던 비노이 목사는 자신의 제자인 쉐카(Shekar)와 함께 제자훈련센터의 첫 훈련 프로그램에 참석했다. 두 사람은 돌아간 직후부터 함께 인근 지역에 들어가 전도하며 교회를 개척했다. 중부 트리푸라 하자마라(Hajamara) 지역의 콰이(Kwai)군에 있는 조이찬드라(Joychandra) 마을이었는데, 페카(Pekwa)라는 성을 가진 사람들이 모여 사는 집성촌이었다. 두 사람은 낮에는 전도지를 들고 가정을 방문하면서 축호 전도와 개인 전

성도들과 교회당 건축을 논의 중인 엘리야 선교사(맨 우측)

페카파라교회 성도들이 예배드리는 모습

도를 하고, 저녁에는 마을 공터에서 〈예수〉 영화를 상영하면서 복음을 전했다. 전기도 없는 마을에서 보여 주는 영화였기에 상당수의 사람들이 어두운 시골길을 뚫고 모여들었다.

비노이 목사는 시간이 나는 대로 조이찬드라 마을을 방문했지만 쉐카는 계속 마을에 남아서 전도했다. 혼신을 다한 만큼 열매도 따랐다. 불과 1년여도 안 되어 쉐카는 조그만 가정교회를 개척했는데, 점점 성도 숫자가 늘어나서 30여 명에 이르자 가정에서 더는 모이기가 어렵게 되었다. 마침 한 성도가 자기 땅의 일부를 기부했고, 성도들도 십시일반으로 헌금을 모아 조그만 교회당을 지었다. 현재 페카파라교회는 쉐카 목사가 목회하고 있다. 그리고 비노이 목사는 정기적으로 쉐카 목사를 방문하면서 격려하고 멘토링하고 있다.

2. M 선교사

M 선교사는 40대 목사로서 가족으로 아내와 어린 세 아들이 있다. 그는 현재 인도와 부탄의 국경 지역인 J시에서 훈련센터를 운영하면서, 부탄의 교회 지도자들과 선교사들에게 신학 교육과 제자훈련을 하고, 부탄 교회가 스스로 성장하고 자립할 수 있도록 돕고 있다. 또한 J시 인근 지역에서 무교회 지역을 대상으로 전도와 교회 개척도 진행하고 있다.

신학교 교수 사역에서 선교지로

M 선교사는 2004년에 마니푸르주에 있는 C 신학교에서 피터 티우마이 선교사가 교수로 있을 당시에 처음 신학을 공부했고, 그 후 다른 도시에서 신학석사 과정을 마친 후, 2012년에 C 신학교로 다시 돌아와 교수로 일하고 있었다. 2013년에 피터 선교사를 따라 몇몇 지역으로 전도 여행을 다니던 중, 인도와 부탄의 국경도시인 J시에 처음 들렀을 때 알게 된 몇 가지 사실로 인해 이 도시에 깊은 관심을 갖게 되었다.

J시는 인구 4만여 명의 작은 도시인데, 인접한 부탄 쪽의 도시 P와는 무비자로 자유로이 드나들 수 있어서 부탄의 복음화에서 전략적으로 매우 중요한 곳이다. 또한 이 지역은 외딴 변경 지역인지라, 인근에서 활동하는 목회자들이 더 깊은 성경과 신학 교육을 받고자 하는 열망을 갖고 있어서 M 선교사의 도움을 필요로 하고 있었다.

부탄은 전체 인구가 80만 명(2023년 통계)이 조금 못 되는 조그만 나라로서, 티베트 불교가 주 종교이며 기독교 인구는 1~2퍼센트 정도이다. 교회 등록은 가능하나 공개적 전도는 금하고 있으며, 적발되면 처벌받는다. 부탄의 선교를 위해 적지 않은 숫자의 외부 선교 단체들이 노력하고 있다. 문제는 부탄 내에서의 선교 활동은 비용이 많이 드는 데다 활동이 제한적이고, 특히 단체 간 경쟁적 활동 때문에 소수의 부탄 목회자와 선교사가 자칫 돈 문제로 오염되기가 쉽다는 점이다. 따라서 부탄의 현지 목회자와 선교사들을 외부에서 훈련을 받게 한 후 돌아가서 스스로 활동할 수 있게 하는 것

인도 국경 도시에서 바라본 부탄 세관 입구. 누구나 무비자 통과가 가능하다.

이 가장 전략적이고 효과적이다. M 선교사는 J시라면 부탄 현지인들이 쉽게 드나들면서 훈련받을 수 있다는 것을 알게 되었다. 그는 전도여행을 마치고 돌아온 후 J시에 대해 더 조사하면서 기도하는 중에 선교사로 가기로 헌신하였다. 이런 헌신에 대해 함께 선교 여행을 갔던 피터 선교사도 적극 지지해 주었다.

이듬해 2014년 11월에 첫 아이가 태어났을 때, M 선교사는 C 신학교에 사표를 제출했다. C 신학교 학장과 동료 교수들은 만류했다. 사실 신학교 교수는 직업적인 면에서 본다면 안정된 자리이기 때문에 떠난다는 것은 그리 쉬운 결정이 아니다. 그러나 그는 이미 선교사로 가기로 헌신하였으므로 뜻을 굽히지 않았다. 첫 아이를 얻은 지 불과 2개월이 지난 2015년 1월, 그는 가족을 데리고 J시로 향했다. 감사하게도 다른 지역에 가서 새로 신학교를 시작한 피터 선교사가 담임하던 베들레헴교회에서 선교비를 후원하기 시작했다.

제자훈련센터를 시작하다

M 선교사는 J시에 도착한 즉시 과거에 작은 학교로 사용되었던 건물을 빌려서 성경신학교라는 이름으로 집중적인 합숙 훈련을 제공하는 제자훈련센터를 열었다. 마침 부탄에서 7명의 청년 목회자들이 훈련을 받고자 찾아왔다. 그다음 해인 2016년에는 3~6개월간의 훈련 과정을 만들어 부탄 목회자 8명을 훈련했다. 부탄 목회자들은 훈련받을 시간과 재정이 부족하기 때문에 단기간의 훈련 과정을 좋아했다.

그리고 훈련을 마치고 돌아간 학생들을 통해 다시 다른 학생들

제자훈련센터 앞에 선 M 선교사(빨간색 상의, 얼굴 가림)와 피터 선교사(오른쪽)

이 찾아오기 시작했다. 이때 부탄에서 온 목회자 중에는, 전도를 위해 의도적으로 어떤 티베트 불교 수도원에 주방 요리사로 취업하여 2년간 음식을 만들어 주며 3명의 승려를 예수님께 인도한 이도 있었다. 그는 개종한 승려들에게 성경을 가르치면서 한계를 느끼던 중에 마침 훈련 과정에 대한 소문을 듣고 찾아왔다고 했다. 그는 수도원 주방을 오래 비워 둘 수 없기 때문에 몇 주간 집중 훈련을 받은 후에 돌아갔다.

2017년에는 15명의 부탄 목회자들과 인근의 인도인 목회자들이 와서 훈련을 받았다. 훈련을 받고 돌아간 사람들의 홍보와 추천으로 이듬해인 2018년에는 훈련생이 30명으로 늘어났고, 이들 중 10명은 2019년에 다시 임지로 돌아갔으나 20명은 계속 훈련을 받았다. 그러나 2020년에 시작된 코로나바이러스 팬데믹으로 10여 명이 집으로 돌아갔고, 부탄과의 국경이 거의 폐쇄되었지만 부탄 목회자 3명을 포함하여 10명은 남아서 계속 훈련을 받았다. 지난 2024년에는 또 다른 부탄 목회자 2명이 훈련을 받으러 왔고, 나머지는 인도의 각지에서 와서 현재까지 훈련이 진행 중이다.

교회 개척 시작

점점 더 많은 사람이 들락거리는 모습을 지켜보던 힌두교도인 집 주인이 이들이 기독교 활동을 하고 있다는 걸 알게 되자 더는 세를 주지 않겠다며 집을 비워 달라고 했다. M 선교사는 할 수 없이 훈련센터를 좀더 외곽 지역으로 옮겨서 훈련을 진행해 나갔다.

그러다 2020년 초부터 코로나바이러스 전염병이 돌기 시작했다. 이 때 훈련생 20명 중에 10명은 자기 집으로 돌아갔지만, 10명은 계속 남아서 훈련을 받았다. 남은 10명은 3명의 부탄 사역자를 포함, 네팔과 인도에서 온 교회 지도자들이었다. 전염병이 돌고 있었지만, M 선교사는 훈련생들과 함께 인근 마을들을 방문하며 전도 활동을 계속했다. 훈련 과정은 성경 및 신학 강의와 더불어 전도와 교회 개척 활동도 포함하고 있기 때문에 전염병이 돈다고 해서 교실에만 머물 수는 없었다.

J시의 외곽 지역에는 아디바시라는 소위 불가촉천민이 사는 마을이 여러 군데 있다. M 선교사는 훈련생들과 함께 이곳에서 전도를 시작하여 지난 3년 동안 2개 마을에 2개의 교회를 개척했다. 한 지역은 다섯 가정에서 20여 명이 모이고 있는데, 최근에 조그만 대나무 교회당도 지었다. 또 다른 지역은 서너 가정의 12명이 가정교회로 모이고 있다. 이곳에 사는 아디바시 종족은 주로 차밭에서 일하는데, 술과 마약 등의 문제로 인해 깨진 가정들이 많다. 이들은 자녀 교육에 관심이 많은데, 정부 운영 학교는 학비가 싸지만 운영이 너무 부실하고, 사립학교는 교육의 질이 좋지만 학비가 비싸서 보낼 엄두를 내지 못한다. M 선교사와 그의 동역자들은 이들을 위해 호스텔을 갖춘 미션스쿨을 세우려 하고 있으며, 운영에 필요한 비용을 위해 기도하고 있는 중이다.

부탄 대학 캠퍼스 사역

이런 와중에 하나님께서는 부탄 내에서 사역할 수 있는 길을 열어 주셨다. J시에 인접한 부탄 쪽 도시인 P에는 대학이 있는데, 많은 학생들이 이곳에서 공부하고 있다. M 선교사는 이 대학에서 소규모 학생들을 위한 성경 공부 모임을 인도하기 시작했다. 여기서 자세히 설명할 수는 없지만, 신앙을 가진 부탄의 미래 엘리트를 양육할 수 있는 놀라운 기회를 갖게 된 것이다.

J시는 힌두교가 강하고 국경 지역이어서 정치적으로도 민감하다. 따라서 최대한 조용하게 전략적으로 치밀하면서도 민감하게 사역해야 하는 곳이다. M 선교사는 꼼꼼한 사전 조사를 통해 체계적으로 계획을 세워서, 차분하면서도 꾸준하게 한 걸음씩 실천해 나가고 있는 중이다.

계속되는 제자훈련센터 사역

2020년에 코로나바이러스 전염병으로 인해 다소 주춤했던 제자훈련센터 사역이 최근 재개되어 활발하게 진행되고 있다. 지난 2024년에는 새로운 부탄 목회자 2명을 포함하여 모두 30여 명이 훈련을 받으러 왔고, 그 외에 서벵갈, 마니푸르, 트리푸라 등 인도 각지에서도 와서 훈련을 받고 있는 중이다. 훈련이 진행되는 동안 훈련생들은 인근의 미전도 지역이나 무교회 지역으로 나가서 전도하고 셀교회를 개척할 예정이므로 2025년에는 하나님의 은혜 안에서 새로운 생명들과 교회가 탄생하는 모습을 보게 될 것이다.

3. 탄투이 선교사

탄투이 선교사 부부

탄투이(Tanthui) 선교사는 현재 40대 목사로서, 인도 마니푸르주 출신이며 가족으로는 아내와 자녀 1명이 있다. 그는 2009년에 처음 선교 사역을 시작하여, 인도 다르질링(Darjeeling) 지역과 네팔에서 다수의 교회를 개척했으며, 2015년에는 다르질링 제자훈련센터를 시작했고, 2018년부터는 실리구리로 옮긴 뒤 실리구리 제자훈련센터를 설립하여 오늘날까지 운영하고 있다.

탄투이 선교사는 2009년 4월에 인도의 서벵갈주 다르질링에서 첫 선교 사역을 시작했다. 당시 그는 선교의 열정으로 가득 찬 미혼 청년이었다. 다르질링은 인도와 네팔의 국경 지역으로 히말라야 산맥의 아래 자락에 있으며, 차로 유명한 지역답게 대규모의 차 재배 지역이 펼쳐져 있다. 탄투이는 파송받을 당시에 운화교회의 후원을 받았으며, 미국에서 공부를 마치고 돌아온 피터 선교사의 관리와 멘토링을 받고 있었다.

그가 파송을 받고 다르질링에 갈 때 피터 선교사의 동생인 위잠보와 함께 갔는데 위잠보는 앞을 보지 못하는 시각장애자였다. 선교지에 그런 사람을 동역자로 데려가는 것이 이상하게 여겨질 수도 있으나, 거기에는 다 이유가 있었다. 탄투이는 위잠보의 손을 이끌고 날마다 전도하기 위해 다르질링 시내로 나갔다. 다르질링의 거리는 좁은 차도와 인도가 뒤섞여 있어서 항상 오가는 사람들로 가득했다. 길가에 서성거리는 사람들은 대부분 네팔에서 온 가난한 사람들로서 직업을 찾거나 일용직을 구하고 있었다. 위잠보는 앞을 못 보지만 기타 연주에 능했기 때문에, 그가 길거리에서 사람들이 모일 만한 공간에 앉아서 기타를 연주하면 사람들의 주의를 끌었다. 그의 훌륭한 연주 덕에 사람들이 주위에 모여들면 탄투이는 이렇게 모여든 사람들에게 전도지를 나눠 주면서 복음을 전했다. 수개월 동안 많은 이들에게 전도지를 나눠 주며 열성적으로 복음을 전했지만 열매를 얻기는 매우 어려웠다.

다르질링 사역의 첫 열매인 아내

그해 12월 어느 날, 탄투이와 위잠보는 여느 때와 다름없이 거리 전도를 나갔다. 지나가던 한 여성이 전도지를 받더니 깊은 관심을 표했다. 그런데 그녀는 복음보다도 기타 연주에 더 매료되었기 때문에, 기타를 배우고 싶다고 하면서 위잠보와 탄투이가 머무는 장소로 매주 찾아왔다. 그러던 중에 탄투이로부터 복음을 자세하게 듣게 되었고, 몇 개월 후에 예수 그리스도를 구주로 영접하였다.

지도의 빨간 점은 다르질링, 파란 점은 실리구리

그 여성의 이름은 라말라로서, 탄투이 선교사의 다르질링 선교 사역의 첫 열매였다. 그녀는 양육을 받으면서 신앙이 자라갔고, 이듬해인 2010년 2월에는 세례도 받았고, 이어 4월에는 탄투이와 결혼까지 하게 되었다. 피터 선교사가 멀리 마니푸르에서 올라와서 결혼식 주례를 담당했다.

신혼의 기쁨도 잠시, 5월부터 탄투이와 라말라 부부는 위잠보의 손을 이끌고 다시 전도를 위해 거리로 나섰다. 낮 시간에는 전도지를 나눠 주고, 밤에는 〈예수〉 영화를 상영하면서 열심을 다해 복음을 전했다. 이듬해인 2011년에도 한 해 내내 세 사람은 복음을 전하는 일에 매진했지만 반응하는 사람들이 거의 없었다. 그즈음 위잠보는 다시 마니푸르의 자기 집으로 돌아갔고, 탄투이 부부만 남아서 사역을 계속했다.

다르질링은 원래 네팔 고르카족의 거주지였다가 나중에 인도에 병합된 곳으로서, 현재도 네팔 문화가 많이 남아 있다. 종교적으로는 힌두교가 주종이고 일부 불교도가 있으며, 기독교에 호의적이지 않은 지역이다. 특히 시내는 관광지역이자 상업지역으로, 상점, 호텔, 식당, 카페가 늘어서 있다. 그런 만큼 복음에 대한 관심이 매우 낮은 곳이어서, 탄투이 부부가 최선을 다했지만 선교 사역에 별 진전이 없었던 것이다.

"당신은 뭔가 다르군요!"

2013년에 탄투이 부부는 기도하던 중에 전도 지역을 옮겼다. 다르질링 서쪽 지역의 차밭이 집중되어 있는 소나다로 갔는데, 거기서 부탄에서 이주해 온 사람이 소유한 집을 월세로 빌렸다. 탄투이 부부는 그곳을 중심으로 가정 방문 전도를 시작했다. 몇 개월이 지나자 두세 가정이 주님께로 돌아왔고, 탄투이 부부는 이들과 함께 가정예배를 드리기 시작했다.

하루는 아내 라말라가 집에서 가장 가까운 한 가정을 방문하면서, "하나님, 이 가정을 제게 주시옵소서"라고 기도한 후 그 집으로 들어가서 대화를 시도했다. 그 집은 불교 가정이었고, 밀링이라는 이름을 가진 나이 많은 남자와 병을 앓고 있는 부인이 살고 있었다. 라말라가 그녀에게 "하나님께서 부인을 회복시켜 주시도록 기도해 드릴까요?"라고 했지만 그녀는 "싫어요"라고 대답했다. 라말라는 물 한 잔도 대접받지 못한 채 그 집을 나와야 했다. 네팔 문화에서는 누구든지 자기 집을 방문하면 최소한 물 한 잔은 대접하는 것이 예의이다. 라말라는 그만큼 환영받지 못했다는 뜻이다.

그날 저녁 탄투이 부부는 이렇게 기도했다.

"하나님, 오늘 저희들은 그 가정에 가서 손님 대접조차 받지 못했지만 그 가정을 저희의 손에 붙여 주시옵소서."

그 가정을 위해 기도하던 부부는 사랑으로 섬기라는 예수님의 가르침에 순종하기로 했다. 피터 선교사가 제자훈련할 때 이웃 섬김을 누누이 강조했던 것도 기억이 났다. 이들은 그 집 마당에 잡초가 우거지고, 나무 울타리도 여러 군데 부서져서 기울어지고 벌어진 것을 보았다. 그래서 틈나는 대로 그 집을 방문하여 지저분한 마당을 청소하며 잡초를 뽑고 꽃을 심으며, 허물어진 담장도 고쳐주기 시작했다. 이 일은 수개월 동안 지속되었다. 어느 날 탄투이 부부가 평소처럼 마당 정리를 위해 그 집을 방문했을 때였다. 집주인 밀링이 문을 열고 나오더니 웃는 얼굴로 반갑게 맞으면서 처음으로 말을 걸었다.

밀링: 내가 보니 당신들은 뭔가 다르군요.
탄투이: 그래요? 무엇이 다르다는 말씀인가요?
밀링: 이처럼 아무런 대가도 바라지 않고 오랫동안 우리 집 마당과 담장을 손봐 주니까요. 당신 같은 사람은 처음 봅니다.
탄투이: 우리도 다른 사람들과 다른 게 없습니다. 어르신이 보통 인간인 것처럼 우리도 똑같은 인간입니다.
밀링: 그런데 왜 우리를 이렇게 계속 도와주고 있나요?
탄투이: 우리 인간은 모두 하나님 앞에서 약한 존재이고 죄인에 불과하지요. 그래서 하나님은 우리에게 서로 사랑하고 도우면서 살라고 말씀하십니다. 어르신은 나이도 많고 마당을 정리하기 힘드시니, 좀더 젊은 우리가 도와드려야죠.
밀링: 당신이 말하는 그 하나님은 뭔가 다른 분인 것 같군요.

밀링은 수개월 동안 탄투이 부부가 자기 집 마당에서 하는 일을 문틈으로 모두 지켜보고 있었던 것이다. 이때부터 밀링이 예수님에 대한 관심을 보이더니, 탄투이의 집으로 찾아와서 성경을 배우기 시작했다.

첫 교회인 소나다교회 개척

2014년 3월에 이르러 밀링은 마침내 예수 그리스도를 인격적으로 영접하였고, 세례를 받고 싶어 했다. 하지만 그의 부인과 자녀들은 그가 예수님을 믿게 된 것을 무척 싫어했다. 특히 부인은 그를 쳐다보지도 않으려고 할 정도였다. 밀링은 몇 주간 신앙교육을 받으면서 탄투이에게 자기 아내에게도 복음을 전해 달라고 부탁했지만, 막상 부인은 전혀 들으려고 하지 않았다.

얼마 후 밀링은 세례를 받기 위해 차로 3시간이 걸리는 실리구리라는 도시까지 탄투이를 따라가려고 했다. 마침 실리구리에 피터 선교사가 와 있었기 때문에 피터에게 세례를 받기 위해서였다. 그러나 밀링의 부인을 포함하여 딸과 사위까지 완강하게 반대했다. 특히 부인은 밀링이 세례를 받으면 자기는 승려가 되겠다고까지 했다. 탄투이는 밀링이 공연히 세례를 받았다가 부인에게 이혼당하면 어쩌나 걱정이 되어 세례를 나중으로 미루자고 했다. 그럼에도 밀링은 아무 걱정 하지 말라고 했다.

실리구리로 내려가기로 약속된 날 아침, 탄투이는 놀라운 광경을 보았다. 밀링이 부인과 함께 오고 있는 게 아닌가! 게다가 함께 사는 딸 부부와 손자들까지 모두 따라오고 있었다. 이들은 모두 소풍을 가는 기분으로 실리구리까지 함께 갔다. 세례식은 탄투이의 초청으로 방문한 피터 선교사가 진행했다. 세례식이 진행되는 동안 부인은 예배 장소의 가장 뒷편에 계속 무표정으로 앉아 있었다. 다른 지역에서 사역하는 제자들이 전도한 새신자들도 함께 세례를 받았는데, 이제 밀링의 차례가 되었다. 그 부인은 남편이 세례받는 광경을 집중해서 쳐다보고 있었다. 탄투이의 아내인 라말라가 무심코 그 부인을 바라보았는데 부인의 눈에서 눈물이 흘러내리고 있었다.

　세례식과 함께 식사와 교제 모임이 모두 끝나고 탄투이 부부와 밀링의 가족들은 다시 소나다로 돌아갔다. 그다음 주일에 밀링이 예배 장소에 와서 세례 증서를 가지고 갔다. 바로 다음 날 월요일에 탄투이가 밀링을 방문했다. 밀링은 아내가 오랫동안 집 안에 있는 불상에 날마다 향불을 올렸는데 지난 토요일부터 더는 올리지 않는다면서 좋은 징조라고 했다. 그 후 3주가 더 지나 그 부인이 탄투이 집으로 찾아왔다. 그리고는 "이제 나도 예수님을 믿을 준비가

극적으로 회심한 밀링의 가족, 뒷줄 우측이 밀링

되었습니다"라고 말했다. 탄투이가 그녀에게 예수 그리스도를 통한 구원에 대해 자세히 설명하자, 그녀는 자신이 죄인 된 것을 고백하며 예수님을 구세주로 받아들였다.

그리고 나서 그녀는 자기 집 안에 있는 많은 불교 용품들을 어찌하면 좋겠느냐고 물었다. 탄투이가 그것들을 모두 치워 버리고 돌아오는 주일에 예배 모임에 와서 다른 사람들 앞에서 본인의 신앙을 고백하는 게 어떻겠냐고 하자 그녀는 흔쾌히 동의했다. 탄투이 부부가 보는 앞에서 그녀는 마당에 서 있는 대나무와 깃발을 뽑고서는 집 안에 있던 모든 불교 용품을 마당으로 꺼내더니 태워 버렸다. 그리고 그 주일에 예배 모임에 와서는 자신은 이제 분명하게 예수 그리스도를 믿는다고 간증했다. 그리고 자기를 포함해서 딸 부부와 손주들에게도 모두 세례를 베풀어 달라고 했다. 몇 주 후 탄투이는 그들 모두에게 세례를 베풀었다.

이 일이 곧 주위에 소문이 나면서 부인은 난처한 상황에 처하게 되었다. 그 부인은 1,000명에 달하는 인구를 가진 불교 공동체인 따망족 소속이었는데, 불교를 버리고 예수님을 믿는다는 이유로 소속 공동체에서 제명을 당하고 만 것이다. 공동체에서 제명을 당하면 그들 중 아무와도 교류할 수 없고, 공동체가 제공하는 각종 혜택도 모두 사라진다. 하지만 그녀는 전혀 움츠러들지 않았고 오히려 담대했으며 조금도 굴하지 않았다. 그리고 한 걸음 더 나아가서 예배 모임에 와서는 다른 성도들에게 "이웃들을 열심히 방문하거나 초청해서 복음을 전합시다!"라고 권면하기 시작했다. 그녀의 말에 다른 신자들은 큰 힘과 용기를 얻었고, 전도에 대한 도전을 받았다.

소나다교회와 제자훈련 과정에 참석한 개척 교회 지도자들. 처음엔 1층(사진에서 가려진 아랫부분)짜리 교회 건물이었으나 지금은 2층을 증축하여 다르질링 제자훈련센터로 활용하고 있다.

그때부터 탄투이 부부와 몇몇 신자들은 동네 주위의 다른 가정에게 전도를 더 활발하게 하기 시작했는데, 그 후 네다섯 가정이 주님께 돌아왔다. 그리고 그 부인의 가정에서 가정교회로 모이기 시작했다. 이 교회가 다르질링에서 탄투이 선교사가 처음으로 개척한 소나다교회이다. 이 교회는 2024년 현재, 탄투이가 훈련시킨 제자가 목회하고 있으며, 탄투이는 협력목사로 도우면서 멘토링하고 있다.

메릭(Merik)교회 개척

2015년 어느 날, 탄투이는 시내에서 버스를 기다리면서 곁에 선

어떤 사람이 핸드폰으로 전화하고 있는 소리를 무심코 듣게 되었다. 그런데 그 남자가 전화를 끊으면서 "자이머시"라고 하는 게 아닌가. '자이머시'는 네팔의 기독교인들이 인사를 나눌 때 사용하는 말로 '주 안에서 승리(합시다)'라는 의미이다. 탄투이는 그 남자가 기독교인이 분명하다고 생각하고 "혹시 기독교인이십니까? 나도 기독교인입니다"라고 말을 걸었다. 대화가 시작되어 두 사람은 카페로 가서 더 긴 얘기를 나누었다. 그 남자는 메릭 마을에서 온 사람이라고 했다. 순간 탄투이는 그동안 해왔던 기도의 내용이 떠올랐다.

소나다에 온 첫날부터 탄투이는 밤마다 집에서 잠을 자기 전에 침대에서 창문 밖을 바라보는 버릇이 있었다. 창문 밖 저 멀리 높은 산맥이 울타리처럼 늘어서 있고, 그 중간마다 반짝이는 불빛이 있었다. 그 불빛들을 보면서 뜬금없이 '저 먼 마을에는 어떤 사람들이 살고 있을까? 만약 저기에 교회가 없다면 복음을 전하러 가면 좋겠는데'라는 생각이 들어, '하나님, 저 지역을 제게 주소서'라고 수개월째 기도를 해오던 차였다. 그런데 그날 바로 그 마을에서 온 남자를 만난 것이다.

탄투이가 그에게 말했다.

"나는 사실 여기에 선교사로 와서 전도하면서 교회를 개척하고 있어요. 당신이 사는 마을에도 가서 교회를 세우고 싶은데 나를 좀 도와주시겠습니까?"

이처럼 복음을 전하기 위해 기회를 찾는 자에게 하나님께서는 예상치 못한 방법으로 길을 열어 주신다.

그 남자는 놀랍게도 도와줄 수 있다면서, 며칠 있다가 집으로 돌아가는데 원하면 자기 집에 머물면서 전도할 수 있다고 했다. 소나다교회는 아직 소규모이지만 잘 양육한 제자가 맡아서 잘하고 있으므로, 탄투이는 다른 곳에 가서 개척해 보기로 했다. 며칠 후 두 사람은 함께 길을 나섰다. 눈으로 보던 것보다 훨씬 멀었다. 버스로 5~6시간, 다시 그 남자가 사는 동네까지 산길을 2~3시간 걸어서 한밤중에 도착했다. 힘든 길이었지만 아무 연고도 없는 곳까지 왔는데, 도와주는 신자가 있고 머물 곳이 있으니 감사한 일이었다.

다음 날 아침 일어나 주위를 바라보니 그 장소는 꽤 높은 지역이었는데, 저 멀리 아래 보이는 동네는 대단히 큰 규모였다. 알고 보니 네팔인 5~6만 명이 사는 커다란 산악 도시였던 것이다. 도와주는 그 남자를 통해 소망가든(HOPE Tea Garden)이라는 넓은 차밭을 방문하여 돌아보는 중에, 한 직원이 슬프면서도 화가 난 듯한 표정을 짓고 있는 것을 보고 탄투이가 무슨 어려운 일이 있느냐고 물어보았다. 그 남자는 가정 문제와 건강 문제로 고통받고 있어서 힌두교 사제에게 찾아갔으나 문제가 전혀 해결되지 않아서 화가 난다고 했다. 탄투이가 "제가 당신의 문제에 대한 해결책을 알려 드리죠"라고 하자 남자의 표정이 갑자기 달라졌다.

그 남자의 이름은 비주라이였다. 비주라이는 그때부터 탄투이와 계속 만나면서 성경을 배우기 시작했다. 2016년 한 해 내내 만남이 계속되다가 마침내 예수 그리스도를 영접하였고 세례를 받았다. 그 후 2017년부터 2019년까지 탄투이는 메릭 마을과 다르질링을 오가면서 비주라이를 제자로 세웠고, 그렇게 하는 동안 비주라이의 아내도 예수님을 믿게 되어 이혼 위기까지 갔던 관계가 회복되었다. 스트레스 때문에 마시던 술을 끊으면서 건강도 회복되었다. 탄투이와 비주라이는 함께 전도도 하면서 6~7명의 새신자를 얻게 되었다.

현재 비주라이가 사는 집에서 가정교회 모임을 하고 있는데, 비주라이가 메릭교회라는 이름으로 인도하고 있다. 이와 함께 비주라이는 다른 동네들을 방문하면서 가정교회를 6~7개 더 개척했다. 2024년 현재, 탄투이는 매년 여러 차례 이곳을 방문하면서 그와 교제하며 멘토링을 하고 있다.

다르질링 제자훈련센터를 시작하다

소나다교회와 메릭교회를 개척해 나가던 중 탄투이는 양쪽 교회에 지도자들을 세울 필요를 느꼈다. 그는 두 교회의 거리가 멀기 때문에, 한 군데에 모아 집중적으로 훈련을 시키기 위해 소나다교회 건물 2층에 제자훈련센터 시설을 건축하고자 했다. 이를 위해 기도하던 중 2015년에 때마침 방문한 필자의 헌금을 종잣돈으로 하여 합숙 시설을 마련할 수 있었다. 그리고 피터 선교사의 다른 제자들과 함께 협력하여 공동으로 집중 제자훈련 프로그램을 운영하기 시작했다.

2024년 현재, 피터 선교사의 또 다른 제자인 디펜드라 선교사가 책임을 맡아 운영하고 있다.

다지아교회를 개척하다

다지아교회는 다지아 차밭 지역에 개척한 교회로서, 앞에서 소개한 메릭교회에서 4~5킬로미터 떨어진 곳에 있다. 이곳은 탄투이 선교사가 2017년 메릭 마을에서 복음을 전하던 기간에 함께 전도한 곳이다. 이 마을에서 탄투이는 비주라이가 소개해 준 '디모데 라이'라는 이름을 가진 명목상 신자인 한 중년 남자를 처음 만났다. 탄투이가 그곳에서의 교회 개척에 대한 비전을 디모데에게 소개하자, 그는 관심을 보이면서 제자훈련을 받겠다고 했다. 그 후 BTS신학교 학생 전도팀이 정기적으로 방문하면서 전도할 때마다 디모데도 동참하여 전도와 제자훈련도 함께 받으면서 구원에 대한 확신이 생겼고, 신앙이 더 성숙해지자 선교에 대한 열정도 갖게 되

다지아교회 성도들

었다. 그러면서 자신의 아내, 부모, 자녀들도 모두 그리스도께로 인도했다. 새신자가 열 가정이 되자 디모데는 전임 목회자로 헌신하여 모임을 인도하기 시작했고, 인도 내 선교기관의 후원으로 교회당도 건축하였다.

실리구리 제자훈련센터를 시작하다

다르질링과 네팔에서 사역해 오던 중 탄투이 부인의 건강이 악화되어 더는 그곳에서 사역하기가 힘들어졌다. 다르질링은 고도가 높은 지역이고 습도가 높아서 여성 건강에 좋지 않은 영향을 미쳐 탄투이 부부는 지대가 낮은 곳으로 이사해야 했다. 그래서 2018년부터는 실리구리로 옮겨 제자훈련센터를 운영하는 동시에 교회를 개척하는 사역을 오늘날까지 계속해 오고 있다.

실리구리 제자훈련센터의 훈련 과정에 참석한 개척 교회 지도자들과 훈련 강사로 함께한 피터 선교사(앞줄 왼쪽에서 두 번째)

샬루(Shalu)교회 개척

샬루교회 예배당과 성도들

샬루교회는 샬루 차밭에 위치한 교회이다. 2019년에 다지아교회의 디모데 목사가 탄투이에게 다니엘 라이 목사를 소개해 주었는데, 다니엘 목사는 탄투이가 운영하는 다르질링 제자훈련센터에서 전도 훈련과 제자훈련을 받고 돌아간 후, 탄투이와 함께 샬루교회를 개척하였다. 이듬해인 2020년에 조그만 교회당이 건축되었고, 현재까지 다니엘 라이 목사가 담임하고 있다.

반석(Rock)교회 개척

반석교회는 다르질링에 있는 반석 차밭(Rock Tea Garden)에 소재한 교회이다. 2019년, 다니엘 라이 목사가 탄투이에게 수만 라이라는 미혼 청년을 소개했는데, 수만 라이는 탄투이의 제자훈련센터에서 훈련을 받고 반석 차밭 지역으로 돌아갔다. 그리고 탄투이의 도움을 받아 전도를 통해 힌두교 배경을 가진 일곱 가정(15명)의

한 성도의 가정에서 모이고 있는 반석교회 주일학교

새신자를 얻게 되어 가정교회를 개척하고, 현재까지 계속 모이고 있다.

비잔바리(Bijanbari)교회 개척

2020년에 다니엘 라이는 인구 5,000명의 소도시인 비잔바리에 살고 있는 존 구룽이라는 힌두교 브라민 청년을 탄투이 선교사에게 소개했다. 구룽은 당시 명목상의 신자였는데, 이후 BTS신학교 전도팀이 방문할 때마다 전도 활동에 참여하다가 신앙이 자라면서, 탄투이가 인도하는 다르질링 제자훈련센터에 와서 훈련을 받았다. 그는 비잔바리로 돌아가서 자신의 가족을 그리스도께로 인도했고, 그의 가족들은 또다시 다른 가정에게 복음을 전했다.

불과 몇 개월 만에 가정에서 모이기 힘들 정도의 새신자들이 생기자 이들은 별도의 예배 장소를 구하려고 했다. 그러나 이웃 힌두교 주민들의 반대에 부딪쳤다. 그러자 한 신자가 자기 집 옥상에 예배 모임을 위한 시설을 짓겠다고 하였고, 현재 대여섯 가정이 여기서 가정교회로 모이고 있다. 존 구룽이 전임 목회자로서 모임을 인도하고 있으며, 현지 교회와 교단이 비잔바리교회가 자립할 때까지 후원할 예정이다. 탄투이 선교사는 존 구룽 목사를 정기적으로 방문하여 멘토링을 하고 있다.

비잔바리교회 성도들과 주일학교 어린이들

그 외 개척한 여러 교회

탄투이 선교사는 복음 전도와 교회 개척에 헌신했을 뿐 아니라 탁월한 은사도 가지고 있다. 또한 제자훈련에도 능하여 개척한 모든 교회를 그가 훈련한 제자들에게 모두 위임해 오고 있다. 지금까지 소개한 교회들 외에 탄투이 선교사가 개척한 교회들을 간단하게 소개한다.

- **짜몽교회** 2014년 메릭교회의 신자인 아제 라나의 소개로 짜몽 차 재배 지역에 사는 아시스 라이(44세, 기혼)를 만나 함께 전도하기 시작했다. 얼마 후 아시스 라이는 제자훈련센터에 와서 훈련을 받고 돌아가서 사역을 잘 이끌었으며, 현재 열다섯 가정이 모이고 있다. 처음에는 가정교회로 모였는데, 그 가정에 사이 바바(인도의 유명한 힌두교 구루)팀이 계속 방문하여 훼방하자, 한 성도가 땅을 내놓으면서 현지 교단의 후원으로 2016년에 교회를 건축했다.
- **살림봉교회** 아시스 라이 부부는 짜몽교회를 개척하면서도 2016년에 탄투이와 함께 살림봉 차 재배 지역에서 전도를 시작했다. 그러다 한 새신자가 땅을 기증하여 2024년 상반기에 교회를 건축했다. 현재는 여덟 가정이 모이고 있고, 제자훈련센터에서 훈련을 받은 비카스 목사가 목회하고 있다.
- **메리뷰교회** 탄투이 선교사는 아내의 건강이 너무 나빠져서 2016년에 다르질링에서 실리구리시의 힌두교 지역인 사티기샤 마을로 이사했다. 2021년부터 탄투이는 아닐 로샤 목사와

함께 이곳에서 전도하여 교회를 개척했다. 가정에서 모이다가 교인이 20~30명(세례 10명) 정도가 되자 더는 가정에서 모이기가 힘들어서 교회 건축을 위해 땅 매입을 시도했다. 그러나 힌두교 주민들의 반대로 매입이 불가능해지자 2023년에 성도 한 사람이 자기 땅의 일부를 기증하여 교회를 건축하였다.

■ **체스뉴교회** 실리구리 체스뉴 차 재배 지역에 세워진 교회이다. 2016년에 아시스 라이의 소개로 만난 기독교인 카일라시 라이(네팔인)에게 제자훈련을 권면하자, 카일라시는 2017년에 제자훈련센터에서 훈련받고 전임 사역자로 헌신하여 2019년부터 탄투이와 함께 전도를 시작했고, 현재 네다섯 가정이 모인 가정교회를 인도하고 있다. 아직은 미자립 교회에서 현지 교단의 후원을 받고 있다.

■ **타크발교회** 다르질링 타크발 차 재배 지역에 소재한 교회이다. 2019년에 탄투이는 아시스 라이를 통해 산제이 따망을 만났고, 산제이는 제자훈련센터에서 훈련을 받은 후 탄투이와 함께 전도하기 시작하여, 2024년 현재 열 가정(30여 명)이 모이는 가정교회를 인도하고 있다.

4. 스티픈 티우마이 선교사

스티픈 티우마이(Stephen Thiumai) 선교사는 올해 41세로, 가족으로는 아내와 어린 딸과 아들, 그리고 갓난아기가 있다. 그는 C 신학교에서 신학석사 과정을 마치자마자 실력을 인정받아 교수로 가르치기 시작하여, 2013년부터는 당시 같은 신학교 교수였던 피터 선교사와 함께 전도 사역을 활발하게 했다. 그 후 피터가 디마풀에서 새로운 신학교를 시작했을 때 그도 C 신학교를 떠나서 합류하여, 신학을 가르치고 미전도 지역에 함께 다니며 교회를 개척하고 제자를 세우는 사역을 했다.

현재 그는 박타 목사와 함께 네팔의 비타모드에 있는 제자훈련센터를 공동 운영하면서, BTS신학교에서 가르치고 있다. 그의 아내는 2022년부터 마니푸르주 타멜룽에서 미션스쿨을 운영하면서 차세대 지도자를 양성하고 있는데, 스티픈은 이들 지역을 오가면서 왕성하게 활동하고 있다.

스티픈 선교사 가족

네팔 교회 지도자 훈련에 대한 비전을 갖다

2017년에 스티픈은 BTS 신학생팀을 데리고 인도 땅을 벗어나 처음으로 네팔로 방학 때마다 진행하는 전도 여행을 떠났다. 비타모드 지역에서 전도하던 중 박타라는 네팔인 목사를 만났는데, 그는 그곳에서 교회 개척을 시도하고 있다. 두 사람은 힘을 모아 함께 교회를 개척하기로 했다. 그 후 현지인 몇 가정을 주님께로 인도하여 이듬해인 2018년에 갈보리성경교회라는 가정교회를 시작했는데, 박타 목사가 담임을 맡기로 했다.

네팔에서는 정부의 종교 정책으로 인해 외부인이 계속 선교 활동을 하기에는 제한이 많지만 현지인은 자유롭게 사역할 수 있다. 문제는 네팔 목회자의 80퍼센트가 성경이나 신학 지식, 전도나 제자훈련 등의 실제적인 사역에서 훈련이 되어 있지 않다는 것이었다. 그래서 스티픈은 이들을 훈련하는 것이 네팔의 복음화에 더 효과적이라는 것을 알고, 제자훈련센터를 시작하기로 했다.

2018년, 스티픈은 박타 목사가 맡고 있는 가정교회를 중심으로 제자훈련 프로그램을 시작했는데, 이때 박타 목사와 다른 네팔 교회 지도자들 몇 명이 첫 훈련을 받게 되었다. 이런 훈련을 처음 받아 본 박타 목사는 비로소 제자를 삼는 제자 양성에 대한 비전과 네팔 전체의 복음화에 대한 비전을 품게 되었다.

몇 년 후인 2020년에 코로나바이러스가 유행하자, 가정교회로 사용해 오던 박타 목사의 월셋집 주인이 사람들이 모이는 것을 염려하여 집을 비워 달라고 했다. 하는 수 없이 박타 목사는 돈을 최대한 모아서 조그만 땅을 할부로 겨우 매입했고, 거기에 교회를 건축하기로 했다. 그러나 돈이 없어서 건축은 못 한 채 소수의 교인들과 함께 모임만 계속했다.

한 사람의 변화로 교회와 제자훈련센터가 건축되다

2022년에 코로나바이러스 유행이 가라앉자 박타 목사와 스티븐 선교사는 또다시 전도 활동에 나섰다. 그러던 어느 날 전도지를 들고 거리에 다니는 사람들과 가가호호 방문하면서 전도하던 중에, 길거리 한쪽에서 벽에 몸을 기댄 채 비스듬히 누워 있는 한 남자를 보았다. 다가가 보니 손에는 술병이 들려 있었고, 몸에서 나는 술 냄새가 코를 찔렀다. 대낮인데도 술에 잔뜩 취한 남자는 게슴츠레한 눈으로 박타를 올려다보았다.

박타 목사가 전도지를 건네주며, "안녕하세요? 하나님은 당신을 사랑합니다"라고 말했다. 그 남자는 뭐라고 중얼거리더니 손으로 전도지를 받았다. 박타가 전도지의 내용을 간단하게 설명해 주었는데, 그 남자는 몇 분간 말없이 듣고만 있었다. 잠시 후 박타는 "혹시 관심이 있으시면 제게 연락 주세요"라며 전도지에 전화번호를 적어 건네주고 그 장소를 떠났다. 이튿날 오후, 박타는 모르는 남자의 전화를 받았는데 바로 전날에 길거리에서 술에 취해 있던 남자였다. 그는 자기가 어제는 술에 취해 잘 알아듣지 못해서 죄송했다면서 다시 만나 보고 싶다고 했다.

그다음 날, 그 남자가 박타와 스티븐이 머무는 숙소로 찾아왔는데 전날 만났을 때와는 완전히 다른 모습이었다. 깨끗한 네팔식 정장 차림에 깔끔하게 다듬은 머리와 깨끗한 얼굴을 보고 박타는 크게 놀랐다. 알고 보니, 그는 힌두교 브라만 계급의 부유한 가정 출신으로서, 부동산업을 하고 있고 이름은 담바르라고 했다. 그는 대학을 졸업한 후부터 인생의 목적이 무엇인지에 대한 질문에 빠져서 고민했으나 오랫동안 믿었던 힌두교와 그 어떤 것으로부터도 해답을 얻지 못해 방황하면서 술을 마시기 시작했다가 알코올 중독까지 되어 버렸다고 한다. 가족과 친구들의 조언도 그에겐 소용이 없었다. 박타를 처음 만난 그날도, 여느 때처럼 술에 취해 길거리를 헤매다가 박타로부터 뭔가 처음 듣는 얘기에 호기심을 갖게 되어 또 찾아왔다는 것이었다. 그는 정중하게 자기에게 들려주고 싶은 얘기를 해달라고 했고, 박타는 복음에 대해 차분하게 설명하기 시작했다. 그는 가끔 질문도 하면서 2시간 가까이 대화를 나눈 후에 예수란 분을 당장 믿겠다고 하더니 그 자리에서 예수 그리스도를 구세주로 영접하였다.

담바르는 예수님을 믿자마자 급속도로 변했다. 우선 술을 끊었고, 성경 공부에 빠지지 않고 참석하면서 신앙이 빠르게 자랐다. 그의 가족들은 그가 기독교인이 된 것을 탐탁지 않게 생각했지만, 그가 변화되는 모습을 보고서는 아무런 반대도 하지 않았다. 그렇게 꾸준히 성경 공부를 하면서 몇 달이 지난 후, 그가 박타에게 말했다.

담바르: 당신 덕분에 예수님을 믿게 된 뒤로 얼마나 내 마음이 평안하고 기쁜지 모르겠습니다. 제가 완전히 변했어요. 제 인생의 목적이 무엇인지도 이젠 알게

되었죠. 이런 예수님을 위해 제가 무슨 할 일이 없을까요?

박타: 몇 년 전에 제가 스티픈 목사와 함께 개척한 가정교회가 있는데, 재정 문제로 교회당을 못 짓고 있습니다….

담바르: 아, 그래요? 그러면 제가 가진 땅의 일부를 드릴 테니 거기다 교회를 지으시면 어떨까요? 필요한 건축비도 제가 다 내겠습니다.

그렇게 해서 비타모드 지역에 처음으로 교회당을 지을 수 있게 되었다. 그곳은 힌두교 지역이지만, 그의 집안이 힌두교 브라만 계급이고 부자인지라 그 동네의 지방 공무원이나 힌두교 지도자들 중에서 나서서 반대하는 이가 아무도 없었다. 교회당이 다 완공되고 나자 그는 박타 목사에게 또 물었다.

담바르: 이제 교회당도 다 지었는데, 제가 예수님을 위해서 할 수 있는 일이 또 없을까요?

박타: 네팔의 교회 지도자들은 훈련이 필요합니다. 그래서 그들을 훈련할 수 있는 장소와 시설을 위해 기도하고 있습니다.

담바르: 그러면 교회당 옆의 또 다른 땅을 드릴 테니 그 위에 지으시죠? 이번에도 필요한 모든 비용은 제가 다 대겠습니다.

담바르가 기증한 땅과 헌금으로 건축된 갈보리성경교회(오른쪽)와 제자훈련센터(왼쪽)

제자훈련센터 헌당예배, 중앙의 수염 기른 사람이 담바르

그렇게 담바르 덕분에 비타모드에서 박타 목사와 스티픈 선교사가 그동안 소원해 오던 교회와 제자훈련센터까지 단번에 마련할 수 있었다. 더욱이 교회와 훈련센터 내에 필요한 모든 비품까지 담바르가 모두 마련해 주었다. 하나님은 그의 절망적인 삶 가운데 오셔서 그에게 새로운 희망의 길을 보여 주셨고, 또한 그의 극적인 변화를 통해 비타모드 지역의 사람들에게 강력한 복음의 능력을 드러내 주셨다.

2022년도 제1회 제자훈련 수료식, 앞줄 푸른색 양복 입은 사람이 스티픈 선교사

네팔 목회자 훈련

셀교회 지도자 훈련

제자훈련센터가 건축된 2022년도부터는 그전에 이미 시작된 제1기 훈련 과정을 새 건물에서 계속 진행했다. 담바르도 그 훈련 과정에 함께 참석했는데, 이번에는 훈련에 참여한 모든 사람을 위한 식사 비용과 주방 요리 도우미들을 위한 비용까지 다 후원했다. 네팔 목회자와 선교사들은 몹시 가난하지만, 제자훈련센터에서는 훈련생들이 배움에 대한 헌신과 책임감을 갖도록 소정의 비용을 부과한다. 그리고 나머지 비용은 피터와 제자 선교사들이 모두 모금을 한다. 그런데 담바르의 헌금으로 2023년도 제2기 훈련과 2024년도 제3기 훈련 진행에 큰 도움을 얻었다(참고로 비타모드 제자훈련센터는 'DTC' 대신 'DTI', 즉 'Discipleship Training Institute'라는 명칭을 사용한다).

개척한 다른 교회들

제자훈련센터의 훈련 목적은 제자를 삼는 제자를 양육하는 것이다. 훈련 내용도 여기에 맞추어 구성되어 있다. 지역사회 섬김, 전도와 셀교회 개척, 셀교회 인도법, 기본 교리, 제자훈련, 지도력, 필요시 자립을 위한 직업 훈련, 가정 세우기 등이다. 오전에는 성경 공부와 신학 공부 등 이론 학습을 하고, 오후에는 5~6명씩 소그룹으로 팀을 만들어 외부의 여러 동네로 나가서 전도를 실시한다. 이때 특정 동네를 집중적으로 다니면서 새로운 신자들이 나오면 즉시 셀모임을 만들어 양육을 진행하면서 가정교회를 개척한다. 세워진 가정교회의 평신도 지도자를 세우기 위해 이들을 제자훈련센터의 단기간 훈련 과정을 받게 한 뒤, 스스로 가정교회를 지도해 나가도록 돕는다. 그리고 필요에 따라 훈련받은 목회자를 그 가정 교회의 담임으로 파송하고, 스스로 전도하고 제자훈련을 통해 자립 교회가 되도록 권면하면서 멘토링한다.

스티픈은 제자훈련센터를 통해 훈련을 받은 다른 제자들과 함께 이와 같은 방식으로 여러 지역에 다음과 같은 교회들을 개척했다.

- **갈보리교회** 비하르주, 바드락푸르 마을, 20명 교인, 만꾸마르 목사 시무. 2019년부터 개척을 시작했다.
- **바이군두라 가정교회** 비타모드 지역, 사빌러우 목사 시무. 신자의 땅을 기증받고 교회를 건축하기 위해 비용을 마련하는 중이다.
- **피클 가정교회** 비타모드 피클 지역, 10명 교인. 훈련된 평신도가 인도하는 중이다.

가정교회로 모임을 갖는 갈보리교회

- **토플레이 가정교회** 비타모드 토플레이 마을, 15명 교인, 디비 바라일리 목사 시무
- **임마누엘 가정교회** 비타모드 지역, 27명 교인, 라컨 헴로이 목사 시무. 2023년에 개척이 시작되어, 새신자의 집마당에서 예배 모임과 제자훈련을 진행하고 있다.
- **갈보리교회** 툴라짠 지역, 20명 교인, 소렌 목사 시무 중
- **그레이스교회** 피클 지역, 15명 교인, 비르 바하둘라이 목사 시무 중

2025년에 제자훈련센터에서는 25명의 네팔 교회 지도자들을 대상으로 제자훈련 과정이 예정되어 있다. 이 훈련 과정에 참가한 사람들은 소그룹으로 나뉘어 여러 지역들로 흩어져서 전도를 통해 역시 가정교회들을 개척할 것이다.

임마누엘 가정교회의 예배 모임

그레이스 가정교회의 예배 시간

5. 라케쉬 굽타 선교사

라케쉬 K. 굽타(Rakesh Kumar Gupta) 선교사는 올해 36세로서, 가족으로 아내와 자녀 1명이 있다. 라케쉬는 인도 우타르 프라데시주에 있는 발리아 지역에서 태어났다. 우타르 프라데시주는 인도의 28개 주 가운데 가장 인구가 많은 주로 2억 이상이 그곳에 살고 있으며, 힌두교가 가장 강한 지역이고, 갠지스강이 흐르는 성지 중의 성지인 바라나시가 있다. 한국의 불교 신자들을 포함하여 전 세계의 힌두교인들이나 불교 신자들이 순례차 방문하는 곳이기도 하다.

라케쉬 굽타는 정통 힌두교 카스트의 크샤트리아 가정에서 3형제 중 맏아들로 자랐다. 크샤트리아는 가장 높은 카스트인 브라만 다음 계급으로, 과거에는 왕, 귀족, 무사가 여기에 속했다. 굽타라는 성이 크샤트리아 계급임을 가리킨다. 그의 가정은 힌두교의 3대 신 가운데 하나인 창조의 신 브라흐마(Brahma)를 숭배했다. 그의 아버지는 기독교는 외국 종교라며 매우 싫어했다. 라케쉬는 모든 종교가 좋지만 힌두교가 최상이라고 믿었다. '영원한 신에게 갈 수 있는 종교는 힌두교가 유일하지. 나도 힌두교를 통해 신에게 갈 거야'라고 생각하며 성장했다.

라케쉬의 아버지는 비즈니스맨인데, 비즈니스를 위해 인도의 동쪽에 위치한 서벵갈주의 자이고안이란 소도시로 이사를 가게 되었다. 자이고안은 인도와 부탄의 국경 도시로서, 두 나라 간에 비자 없이 출입국이 자유롭고 무역이 활발한 곳이며, 많은 부탄인들을 볼 수 있는 곳이기도 하다. 한류의 영향으로 그곳에서도 한국

갠지스강에서 정결의식을 행하는 힌두교인들(출처: 디포짓포토)

아이돌 그룹의 공연을 담은 CD 복제품이 많이 팔리는데, 부탄 청소년들도 좋아한다.

라케쉬는 대학 시절인 2014년에 소꿉친구이자 기독교인인 존에게 예수님에 대해 처음 들었다. 그는 존에게 할례가 무엇인지, 할례를 받아야만 천국에 갈 수 있는지 물었다. 존은 그렇지 않고 예수를 믿어야 천국에 간다고 했다. 그러던 어느 날 마음속 깊은 곳으로부터 성경에 대해 알고 싶다는 생각이 강하게 생겨났다.

라케쉬는 대학을 졸업한 후 회사에 들어가 자이고안에서 직장생활을 시작했다. 2015년 초 어느 날, 마침 길거리에서 전도 중이던 같은 인도인 M 선교사를 만났다. M 선교사는 피터의 핵심 제자들 중 1명으로 자이고안에서 선교사로 활동하고 있었다. M 선교사는 라케쉬에게 매우 도전적인 질문을 던졌다. "오늘 만약 당신이 죽는다면 천국에 갈 자신이 있습니까?" 라케쉬는 "종교는 다 같잖아요? 그냥 예배하는 방법만 다를 뿐이죠"라고 응수했다. 라케쉬는 이렇게 대답하고 집으로 돌아왔지만, 낮에 들었던 질문이 계속 머릿속에 남아 생각에 빠져들었다. 이 때문에 이후 여러 차례 M 선교사를 찾아가서 성경에 대해 질문하며 대화를 이어 나갔다.

6월 중순경, 피터의 또 다른 제자인 트릴로찬 선교사가 자이고안에 있는 제자훈련센터를 방문하여 여러 지역에서 모인 제자들에게 강의를 하던 중, 라케쉬에게 복음에 대해 또다시 상세하게 설명해 주었다. 라케쉬는 너무 오랫동안 힌두교 가정에서 자랐기 때문에 예수님을 이해하는 것이 쉽지 않았다. 그러나 성경을 배우면서 예수님에 대한 관심이 더욱 커졌고, 예수님에 대해 더 깊이 배우기를 원했다. 이런 모습을 본 M 선교사는 라케쉬에게 아예 신학교에 가서 공부해 보는 게 어떻겠냐고 권면했다. 라케쉬는 예수님을 통한 구원에 대한 확신은 들지 않았지만, 성경과 예수님을 더 알고 싶다는 열망이 너무 강했기 때문에 신학교에 가야겠다고 결심했다.

7월에 라케쉬는 다니던 회사를 그만두고, 피터의 제자들의 추천을 받아 나갈랜드주 디마풀에 있는 올네이션스신학교에 등록했다. 피터가 처음 개교하여 운영하고 있을 때였다. 라케쉬가 이 사실을 가족에게 말하자 아버지는 그에게 미쳤다고 했고, 동생들은 엄청나게 화를 내면서 그를 형으로 여기지 않겠다고 말했다. 그러나 라케쉬는 예수라는 인물에 대해 분명하게 알아야겠다는 열망 때문에 뜻을 굽히지 않았다.

그는 올네이션스신학교의 목회학석사(M.Div.) 과정에서 잠시 공부하다가, 피터가 신학교를 다른 장소로 옮기게 되자 그도 따라서 가려고 했다. 그런데 피터가 신학교 장소를 옮긴 후에는 신학석사(Th.M) 과정만 개설했기 때문에, 목회학석사 학위가 없는 라케쉬는 등록할 수가 없었다. 할 수 없이 그는 목회학석사 과정부터 마치기 위해 2016년부터 2017년까지 실리구리에 있는 신학교에 가서 공부를 해야 했다.

이듬해인 2018년 3월에 공부를 마치자마자 라케쉬는 다르질링의 소나다에서 사역하는 탄투이 선교사를 찾아갔다. 탄투이는 피터의 핵심 제자들 중 1명으로서, 열정적으로 교회를 개척하고 있었다. 라케쉬는 탄투이를 통해 지역사회를 섬기는 방법('DNA'라고 부름), 전도하는 방법, 불신자를 초청하여 진행하는 성경 공부 방법, 어린이 사역, 병원 전도 사역 등 다양한 사역에 대해 수개월 동안 훈련을 받았다. 특히 피터가 운영하는 신학교에서 매년 11월에 모든 신학생들을 선교지로 보내는 '복음 마라톤' 프로그램에 함께 참여하면서, "복음의 문을 열어 주소서"라는 강렬한 기도 가운데 진행하는 전도 활동을 통해 복음의 능력을 체험하면서 전도에 대한 열정을 갖게 되었다. 그리고 예수님의 선교 명령에 자신의 삶을 드리기로 하면서 전임 사역자로 헌신하게 되었다.

신학교 입학과 결혼, 그리고 가족의 반대

이런 열정을 안고 라케쉬는 2018년부터 2019년까지 디마풀에 있는 피터가 처음 개교했던 BGSTM(신학선교대학원)에 등록하여 신학석사 과정을 공부하게 되었다. 이 기간 동안 그는 다시금 주말 전도 활동과 복음 마라톤 행사를 통해 효과적인 전도 방법, 성경을 가르치는 방법, 제자훈련, 교회 개척 등에 대한 기술을 익혔고, 복음 전도와 교회 개척에 대한 열망도 커졌다. 특히 신학교 교정 안에 있는 피터 학장의 가정의 모습과 사역 현장에 직접 학생들과 함께하면서 솔선하는 모범적인 삶에 큰 도전을 받았다.

신학석사 과정을 마친 그는 2020년 초에 가족이 사는 자이고안으로 돌아갔다. 그러나 가족의 시선은 여전히 싸늘했다. 높은 힌두교 계급 가정의 장남으로서 가문을 세워야 하는데, 기독교로 개종했을 뿐 아니라 더구나 목사까지 된 데 대해 두 동생의 불만은 이만저만이 아니었고, 심지어 그와 눈도 마주치려고 하지 않았다. 라케쉬는 그런 가족들을 위해 하나님께서 은혜를 베푸셔서 예수님을 알게 해달라고 더욱 간절히 기도하지 않을 수 없었다.

  2020년 초부터 시작된 코로나바이러스 전염병으로 인해 모든 사람의 외부 활동이 매우 제한되었다. 라케쉬는 기도하면서 가족들에게 시간 나는 대로 복음을 설명하기 위해 애썼으나 가족들은 여전히 냉담하기 그지없었다. 그러던 중에, 그는 신학교 재학 시절에 알게 된 한 자매와 결혼하기 위해 가족의 동의를 구했다. 가족들은 "힌두교 여성이 아니면 결혼하지 말라"고 하면서 강하게 반대했다. 왜냐하면 아내가 될 자매는 아디바시(Adivasi) 계급 출신이었기 때문이다. 아디바시는 힌두교 사회에서 불가촉천민으로 여겨진다. 그러나 아디바시 계급에 속한 사람들은 스스로를 달리트라고 부르는 것을 선호한다.

라케쉬 굽타 선교사 가족

높은 계급의 힌두교 남자가 그런 낮은 계급과 결혼한다는 것은 상상하기 어려운 일로서 가족과 친지들에게는 수치로 여겨졌다. 물론 법적으로는 계급 간의 차별을 금지하고 있지만, 사회의 통념이나 문화적으로는 여전히 차별이 존재하고 있다. 그럼에도 라케쉬는 뜻을 굽히지 않았고, 그해 11월에 결혼식을 강행했다. 그의 두 형제들은 참석하지 않았고, 부모는 결혼 자체를 허락하진 않았지만 결혼식에는 참석했다.

러크나우에서 개척을 시작하다

다음 해인 2021년, 라케쉬는 아내와 함께 교회를 개척하기 위해 러크나우(Lucknow)라는 도시로 떠났다. 러크나우는 우타르 프라데시의 대표적인 도시들 중의 하나로서, 과거 영국 식민지 시절에 많은 선교사들이 거점을 두고 선교 활동을 했으나 지금은 그 주에서 기독교에 대한 핍박이 가장 심한 지역이다. 게다가 힌두민족주의운동단체(RSS)의 활동이 왕성하여 기독교 활동을 심하게 감시하며 핍박하고 있다. RSS는 현 인도 수상인 나렌드라 모디도 과거에 지도자로서 활동했던 단체로서, 인도의 종교는 힌두교만 존재해야 한다고 주장하며 정부의 옹호로 타 종교를 핍박한다. 이 단체와 긴밀하게 연결된 정당이 바로 현재 인도를 통치하고 있는 힌두민족주의당(BJP당)이다.

어느 날 라케쉬는 거리를 다니며 전도할 대상자를 찾던 중 한 남자를 만났다. 그는 명목상의 기독교인이었는데, 복음을 듣고 나

사진 속의 빨간 점이 러크나우시

서는 그 도시의 한 지역에 전도하기 좋은 대상들이 살고 있다고 알려 주었다. 그 대상은 소위 불가촉천민들로서 뱀을 숭배하는 사람들이라고 했다. 그의 안내로 방문한 곳은 일곱 가정에 70명이 사는 조그만 마을이었다. 그들의 가난한 삶의 모습과 특히 어린이들의 초라한 모습을 본 라케쉬는 그들을 향한 깊은 연민과 긍휼의 마음이 떠오르면서 그들을 위해 무언가를 해야겠다는 생각이 들었다. 라케쉬는 이곳에서 주일마다 주일학교를 시작했는데 마을 어린이들이 거의 다 참석했다.

라케쉬는 저녁이 되면 마을 공터에서 천으로 된 막을 걸고 〈예수〉 영화를 상영했고, 낮에는 집집마다 다니며 전도했다. 첫 3개월 동안 거의 모든 가정을 방문했지만, 물 한 잔 대접하는 가정이 없었다. 알고 보니 가장 낮은 계급인 그들은 불가촉천민이고 라케쉬는 높은 계급이라서 물을 대접해도 안 받을 거라고 생각했기 때문이었다. 실제로 높은 카스트는 낮은 카스트와 손만 닿아도 부정하게 된다고 믿기 때문에, 음식 대접은커녕 접촉조차 하지 않으려 한다. 마치 예수님이 사마리아 수가성에서 한 여인을 만나 물을 좀 달라고 부탁했을 때, 그 여인이 예수님은 왜 유대인이 상종조차 하기 싫어하는 사마리아인, 그것도 여인에게 물을 달라고 하는지 이상하게 여긴 것과 같다.

이것을 알고 난 뒤 라케쉬는 그때부터 가정을 방문할 때마다 먼저 물을 좀 달라고 요청했다. 하루는 한 가정을 방문하여 여성에게 물을 달라고 하자 그 여성은 라케쉬를 바라보며 처음에는 의아해하다가, 라케쉬가 재차 부탁하자 방에 들어가더니 한참 동안 나

주일학교 활동

주일학교 학생들

오지 않았다. 나중에서야 나왔는데 그 사이에 깨끗한 새 옷으로 갈아입고 단장한 후에 물을 가지고 와서 대접하는 것이었다. 그때부터 동네 사람들이 라케쉬가 방문할 때마다 웃는 얼굴로 대단히 반갑게 맞아 주기 시작했다. 복음은 이처럼 신분의 차별을 넘어서게 하는 힘이 있다.

주일학교에서는 찬송과 성경을 가르치면서, 동시에 좋은 생활습관, 위생 관리와 건강 관리 방법도 함께 가르쳤다. 그러자 3개월 만에 20명가량의 어린이들이 예수님을 영접하였다. 1년 정도 주일학교를 진행하자 그동안 지켜보기만 하던 어른들도 예수님에 대해 마음 문을 열기 시작했고, 마을 사람 모두가 복음을 제대로 듣게 되었다. 그때부터 주일마다 공터에서 예배 모임을 시작하여 몇 달 동안 지속되었다.

그러던 어느 주일, 여느 때처럼 마을에 들어서는데 한 무리의 낯선 사람들이 그의 앞길을 가로막더니 더는 마을에 오지도 말고, 성경을 가르치지도 말라고 윽박질렀다. 알고 보니 이 마을에서 매주 예배 모임을 갖는다는 소문이 퍼지자 인근 마을의 강성 힌두교인들이 찾아와서 마을 사람들을 겁박하면서 기독교 모임을 갖지 못하게 한 것이었다. 마을 사람들은 모두 불가촉천민이었고, 인근에서 자기들보다 높은 계급의 힌두교인들이 압력을 넣으면 어쩔 수 없이 따라야 하는 운명이었다. 만약 듣지 않았다가 폭력을 당해도 경찰조차 전혀 도와주지 않기 때문이었다.

라케쉬는 하나님께서 전도의 문을 열어 주셨다고 생각했지만 주위 환경은 그렇지 않았다. 그가 핍박을 각오하고 그 마을에서 활동을 계속하다가는 그 동네 사람들이 두고두고 심각한 피해를 입을 수도 있었다. 그들은 가난하기 때문에 다른 힌두인 동네에 가서 허드렛일을 하면서 적은 돈이라도 벌어서 생활을 할 수밖에 없었기에 라케쉬를 받아들일 수가 없었다. 라케쉬는 하는 수 없이 다른 곳으로 떠나야만 했다.

고향 발리아 마을로 이사하다

라케쉬와 그의 아내는 러크나우에서의 1년 반 동안의 생활을 뒤로하고, 2023년 5월경 거기서 400킬로미터 떨어진 고향 발리아(Ballia)로 이사했다. 발리아는 인도 힌두교의 성지인 바라나시에서 150킬로미터 정도 떨어져 있으며, 인구 20만 명의 소도시로 인도의 공용어인 힌디어를 주로 사용한다. 힌두교 사원이 도시의 모든 구역마다 가득할 정도로 힌두교가 강한 곳이다. 교회라고는 오래된 감리교회가 하나 있는 정도이고, 그곳 사람들 역시 대부분 예수님에 대해 한 번도 들어 보지 못했다.

　라케쉬는 월셋집을 구한 다음 바로 아내와 함께 전도지를 들고 동네에 다니면서 전부터 안면이 있는 사람들에게 인사하며 전도할 기회를 찾았다. 그러나 관심을 갖고 들으려고 하는 사람들은 매우 드물었다. 한번은 힌두교 사제에게 복음을 전했으나 그는 조용히 듣기만 하다가 자기 갈 길을 갔다.

　12월의 어느 날, 라케쉬 부부는 한 가정을 방문하여 전도를 하던 중 귀신 들린 딸이 있는 가정의 얘기를 듣게 되었다. 그 딸은 15세의 나이나(Naina)였다. 라케쉬가 방문했던 가정을 통해서 라케쉬 부부 소식을 들은 나이나의 가족은 라케쉬 부부를 자기 집으로 초대했다. 가서 보니 부모를 포함하여 자녀들이 모두 모여 있었다. 라케쉬는 먼저 복음에 대해 설명했는데, 도중에 함께 앉아 있던 나이나가 갑자기 입에 거품을 가득 물면서 몸을 심하게 떨기 시작했다. 몸이 뒤틀리고 얼굴도 무섭게 일그러졌다. 가족들은 모두 겁에 질려 사색이 되어 어쩔 줄 몰라 했다. 라케쉬는 예수님 이

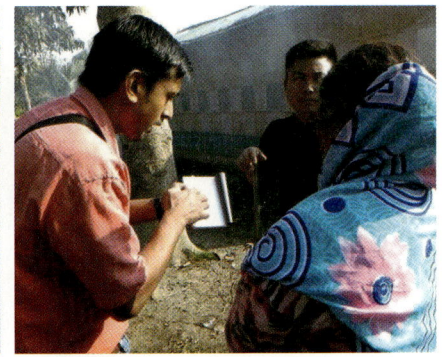

복음을 들은 힌두교 사제(좌)와 복음을 듣는 이웃 주민(우)

름으로 기도하며 귀신에게 나가라고 명령했다.

라케쉬는 이전에 피터 학장의 전도팀과 함께 다니며 힌두인 마을에서 전도할 때 귀신 들린 사람들이 더러 있어서 대적하여 귀신을 쫓아낸 경험이 있었기 때문에 담대하게 맞설 수 있었다. 그렇다 해도 힌두인 가정에 와서 홀로 귀신을 상대하는 것은 또 다른 문제였다. 라케쉬가 힘을 다하여 찬송하고 기도하며 악령을 대적하자 30~40분 후 악령이 떠나갔고, 나이나의 얼굴과 몸은 정상으로 돌아왔다. 가족들은 안도의 한숨을 쉬면서 라케쉬에게 깊은 감사를 표했다.

가족들은 나이나가 지난 2년 동안 이런 고통에 시달렸다고 했다. 때론 밤 11시, 12시에 발작하기도 하고, 갑자기 술을 달라고 고함을 지르는 등 소란을 피웠다는 것이다. 가족들은 그녀를 병원에 데리고 갔으나 원인을 찾지 못했고, 힌두 사원들을 찾아가서 사제들에게 보였지만 아무 소용이 없었다. 그래서 어쩔 수 없이 기독교 목사가 왔다는 소식을 듣고 지푸라기라도 잡아 보자는 심정으

성경을 들고 있는 나이나(좌)와 그녀의 가족과 함께한 라케쉬(우)

로 그를 초청한 것이라고 했다. 라케쉬는 일주일 후 그 가정에 다시 전화를 했는데, 기도한 이후로 아무 이상이 없다고 했다. 그 뒤로 나이나 가족은 마음 문을 열고 라케쉬로부터 예수님에 대해 자세히 들었고, 1개월 후 모두 예수님을 믿게 되었다.

가족 중 16세 된 아들은 이 모든 일을 보았는데도 여전히 예수님을 믿으려 하지 않았다. 그러면서도 친척들을 만나면 여동생이 기독교 목사를 통해 귀신으로부터 해방되었다고 자세하게 설명해 주곤 했다. 나이나 가족들은 예수님을 믿자마자 주위 모든 친척들에게 열성적으로 예수님에 대해 설명하기 시작했다. 친척들은 나이나처럼 귀신에 들릴까 봐 두려워했지만, 나이나 가족들은 예수님의 능력으로 이길 수 있으니 걱정 말라며 그들을 안심시키곤 했다.

발리아 가정교회가 시작되다

나이나 가정을 중심으로 2024년 1월에 첫 가정예배 모임이 시작되었다. 나이나 가정의 전도로 또 다른 가정이 예수님께 돌아왔다.

그즈음 피터 학장이 후원자를 통해 오토바이 한 대를 보내 주었다. 라케쉬는 오토바이를 타고 다니면서 전도를 계속하고 있다. 그는 오토바이를 몰고 다니다가 도움이 필요한 사람을 보면 오토바이에 태워 목적지로 가면서 "오늘 당장 이 세상을 떠나면 천국에 갈 자신이 있으십니까?"라는 질문으로 대화를 시작한다. 그리고 그 사람이 내리면 전도지를 전해 주는데, 그 사람은 태워 준 게 감사해서 전도지를 버리지 않고 호주머니에 넣고 가곤 한다. 라케쉬는 그들이 전도지를 읽기를, 그리고 읽을 때 그들의 영적인 눈을 성령님께서 열어 주시기를 기도한다.

발리아 지역은 한평생 예수님에 대해 한 번도 들어 보지 못한 채 세상을 떠나는 사람이 대부분이다.

8월의 어느 날, 라케쉬는 여느 날처럼 거리에 나갔고, 지나가던 여성에게 전도지를 나눠 주었다. 그 여성은 전도지 내용을 얼핏 보더니 자기 집으로 와서 물 한 잔이라도 하고 가라고 말했다. 인도에서 물 한 잔을 대접한다는 것은 손님으로 환영한다는 뜻이다. 라케쉬는 그 여성의 집에 가서 함께 대화를 나누었다. 그녀는 다른 대도시에서 4~5년간 결혼 생활을 하면서 남편한테 가정폭력을 당하다가 결국 딸을 데리고 도망해서 아주 먼 이곳으로 왔다면서, 그동안 삶을 비관하여 여러 번 자살도 생각했다고 말했다. 라케쉬는

크리스마스 축하 모임, 산타 모자는 인도에서도 익숙하다.

주민을 오토바이에 태워 주며
전도하는 라케쉬

예수님에 대해 설명하면서 예수님 안에서 새롭고 희망 찬 삶을 살 수 있다고 격려했다.

그 여성은 힌두교의 중간 카스트였는데 "기독교는 낮은 카스트의 사람들만 믿는 종교인 줄 알았어요. 이제 보니 예수님은 모든 카스트들을 위한 분이군요"라고 놀라워하면서 예수님을 구세주로 영접했다. 인도는 오랫동안 복음이 주로 가난하고 낮은 카스트와 변방의 부족들에게만 전해졌기 때문에, 오늘날에도 높은 카스트 사람들은 이 여성과 같은 선입견을 가지고 있다. 이때부터 이 여성과 나이나 가정이 함께 가정예배 모임을 갖게 되었다.

그즈음 피터가 소식을 듣고 발리아 지역을 방문했는데, 라케쉬를 격려하고 멘토링도 하면서 이제부터 이 모임은 정식 가정교회라

발리아 가정교회 성도들

3장 피터의 핵심 제자 6명의 사역

발리아 가정교회 예배 시간, 라케쉬가 설교하고 있다.

고 부를 자격이 된다고 하였다. 이때부터 가정예배 모임을 발리아 가정교회라고 부르기 시작했다.

아버지 친구로부터의 '역개종' 압력

발리아는 라케쉬의 아버지가 살던 곳이고, 라케쉬가 태어나 어린 시절을 보낸 곳이기에 아버지의 친구들이 많이 있었다. 어느 날 아버지와 매우 친했던 분이 라케쉬를 방문하여 기독교에 대해 묻기 시작했다. 그는 설명을 듣다가 중간에 라케쉬의 말을 끊더니, "네가 기독교인한테 세뇌를 당했구나. 나와 함께 바바한테 가보자"라며 강요했다.

바바(Baba)는 인도에서 대단히 유명한 힌두교 브라만 계급 출신의 힌두교 지도자이자 설교자로서 대규모의 힌두교 선교단체도 운영하고 있다. 특히 힌두교에서 기독교로 개종한 가정들을 표적으로 삼아 개종팀을 보내 힌두교로 역개종시키는 일도 하고 있다. 이런 일은 인도 정부와 힌두교 운동 단체인 RSS의 강력한 지원을 받고 있다.

라케쉬가 거절하자 아버지 친구는 단호하게 말했다. "너는 내 친구의 아들이지만 이제부터 내 집엔 절대 오지 마라. 우리 가족 중 누군가가 기독교로 개종할까 봐 겁난다." 알고 보니 자이고안에 있는 라케쉬의 아버지가 친구에게 연락하여 라케쉬를 찾아가서 다시 힌두교로 돌아오도록 애써 달라고 부탁한 것이었다.

그 이후로 아버지 친구는 라케쉬는 자기 집에 오지 못하도록 하면서, 대신 자기는 계속해서 라케쉬의 집을 방문하고 있다. 그는 선물을 들고 오기도 하고, 함께 음식을 만들어 식사도 하면서 기독

피터 학장(왼쪽)의 방문 설교 후, 가정교회 모든 성도와 함께

교에 대해 질문도 하는 등 현재까지 대화를 이어 나가고 있는 중이다. 그분이 라케쉬를 역개종시키려고 하는 것인지, 아니면 기독교에 관심을 갖게 되어서인지는 하나님만 아실 뿐이다. 그러나 대화 중에 전해지는 하나님의 말씀을 통해 분명히 성령님께서 역사하실 것이다.

6. 카일리낭 티우마이 선교사

카일리낭 티우마이(Kailinang Thiumai) 선교사는 올해 43세로서, 아내와 아들 둘과 딸 둘이 있는 자녀 복이 많은 가장이다. 그는 아니뚜르주에 있는 불신자 가정에서 태어나 자라나면서 가족들 중에서

카일리낭 선교사 가족(우측에서 두 번째는 조카)

처음으로 기독교 신자가 되었다. 고등학교를 졸업하고 바로 신학교에 진학한 그는 신학사(B.Th.), 목회학석사(M.Div.) 과정을 마치고, 미얀마에서 이주해 온 카친(Kachin) 부족 출신의 자매를 만나 결혼하였다. 2008년부터 2009년까지 신학교에서 가르치다가, 2010년에 신학교에서 다르질링 선교사로 파송을 받았다. 다르질링, 실리구리, 네팔에서 여러 교회를 개척했고, 네팔에 제자훈련센터를 세웠으며, 2024년 현재 실리구리에서 제자훈련센터를 운영하면서 교회를 개척하고 있다.

첫 선교지 다르질링에서 맛본 실패

2010년, 카일리낭은 자신이 한때 공부했던 신학교의 파송으로 인도 북부 히말라야 산지 아래쪽에 있는 다르질링에서 첫 선교활동을 시작했다. 그는 복음에 대한 열정이 넘쳐, 선교지에서 거처할 방을 구하고 나서 며칠 만에 주위에 있는 집들과 상점들을 방문하면서 축호 전도를 했고, 길거리에서는 전도지를 나눠 주면서 개인 전도를 했다. 사람들은 대부분 힌두교인이었고 간간이 불교 신자들도 있었는데, 모두 복음에 냉랭하게 반응했다.

다음 해인 2011년 5월에 가서야 비로소 첫 신자를 얻었다. 첫 신자는 불교를 믿던 비슈누라는 여성이었는데 지병으로 건강이 좋지 않았다. 그 가정을 방문하면서 기도해 주고 복음을 전하자 여성이 마음의 문을 열고 예수님을 믿었다. 그때부터 이 여성의 가정에서 매주 예배와 성경 공부 모임을 가졌다. 얼마 후 또 다른 힌두교인

2명이 예수님을 믿게 되어 함께 모임을 갖기 시작했다. 그런데 이듬해인 2012년에 첫 신자였던 비슈누가 지병으로 그만 세상을 떠나고 말았다. 그러자 이에 실망한 다른 신자들도 더는 예배 모임에 나오지 않았다.

카일리낭 선교사는 실망이 컸다. 하나님께서 이곳으로 자기를 부르신 게 확실한가 하는 회의감이 들면서 그는 하나님의 인도하심을 구하기 시작했다. 동시에 전도 활동은 계속했으나 여전히 열매는 없었다.

그러다 몇 달이 지난 어느 날 거리로 나가 전도지를 나눠 주던 중에 네팔에서 온 한 사람을 만났는데, 그의 마을에 교회가 없다는 말을 듣게 되었다.

네팔로 선교지를 옮기다

카일리낭은 아내와 기도하며 의논한 후 9월에 네팔로 옮겨 갔다. 망글라바리라는 마을이었다. 믿음으로 갔지만 전도는 쉽지 않았다. 얼마 지나지 않아 수중의 돈이 다 떨어져서 이젠 양식을 살 돈도 없었다. 그를 파송한 신학교에서 지원하는 선교비가 당시 월 2천 루피(한화 34,000원)였는데, 이사 비용에 한 달 집세를 목돈으로 지불하고 보니 남는 돈이 없었다. 카일리낭은 어디서 양식을 구할 수 있을까 궁리하다가, 고향 산속에서 죽순을 캐던 어린 시절이 떠올랐다. 그는 인근 숲으로 들어가서 죽순을 채취했고, 4명의 가족이 끼니마다 죽순을 먹기 시작했다. 다소 침울한 마음으로 그는 자신이 과연 이곳으로 선교사로서 부르심을 받은 것이 맞는지 하나님께 기도하며 부르심에 확신을 얻고자 했다.

죽순으로 양식을 대신한 지 일주일이 지났을 때였다. 인근에 주둔하고 있던 인도군 아쌈 부대 소속의 군인 2명이 마을로 술을 사러 나왔다가, 술집 주인과 대화하는 중에 마니푸르에서 온 선교사가 있다는 말을 들었다. 아쌈주와 마니푸르주는 같은 동북 지역이고 인종도 닮았기에, 객지에 나가면 서로 친근감을 느끼기도 한다. 그 군인들이 카일리낭 선교사를 찾아와 돌아오는 주일에 부대 내에 있는 군대 교회에 와서 설교를 해달라고 부탁하고 돌아갔다.

카일리낭은 부탁대로 그 주일에 군대 교회를 찾아가서 예배 시간에 설교를 했다. 그런데 예배를 마치고 나자 군인들이 여러 가지 음식을 담은 상자들을 잔뜩 건네주며 사례비 조로 가져가라고 하는 게 아닌가. 쌀, 기름, 양파, 감자, 고기, 각종 채소와 과일 등의 양식은 카일리낭 가족이 무려 한 달간이나 먹을 수 있을 만큼 많았다. 군인들은 카일리낭을 군용차에 태워 집까지 데려다 주었다. 카일리낭 부부는 적시에 필요한 양식을 공급하시는 하나님의 놀라운 손길을 체험하며, 하나님께서 자기 가정을 그곳으로 부르신 것을 다시 확신하였다.

첫 번째 네팔 하베스트교회 개척

카일리낭 선교사는 다시 용기를 내어 가정들을 방문하며 복음을 증거하기 시작했다. 2012년이 다 지나기 전, 불교를 믿던 여성 2명이 예수님을 영접했고, 이들의 가정에서 예배 모임과 성경 공부를 시작했다. 시간이 지나 새로 믿는 이들이 늘어나기 시작하자 카일리낭은 이 모임에 하베스트교회라는 이름을 붙이고, 새신자 중에 신앙 성장이 빠른 비바두 라이라는 청년을 집중적으로 제자로 양성하여 모임을 지도하도록 했다. 그는 헌신적인 데다 가르치는 능력이 뛰어났다. 이 교회는 2024년 현재, 55명의 성도가 출석하고 있으며, 비바두 라이 목사가 계속 목회하는 중이다.

네팔 하베스트교회. 카일리낭 선교사가 설교하고 있다.

두 번째 브라만 사제의 회심으로 멜보떼 하베스트교회 개척

멜보떼 하베스트교회를 개척하는 과정에서는 심각한 영적 전투가 있었다.

첫 번째 교회를 개척한 이듬해인 2013년 어느 주일, 교회의 네팔인 성도가 자기 고향 마을에 신자도 교회도 없으니 복음을 전해 주었으면 좋겠다고 카일리낭 선교사에게 부탁했다. 멜보떼라는 힌두인 마을이었다. 카일리낭은 첫 번째 교회가 성장해 가는 중에 다른 지역에 복음을 전해 달라는 부탁을 받자 심적으로 부담이 되었다. 하지만 그 네팔인 새신자가 자신이 알게 된 예수님의 사랑이 너무도 놀랍다면서 자기 고향의 친지들도 속히 예수님을 알았으면 좋겠다고 강권했기 때문에, 카일리낭은 기도 중에 '하나님께서 이렇게 새로운 길을 열어 주시는구나'라고 생각하며 멜보떼로 갔다.

그는 먼저 그 신자의 친지들을 방문하여 전도지를 건네며 말을 걸었지만, 그들은 마음의 문을 쉽게 열지 않았다. 아직 때가 되지 않은 듯했다. 어느 날 한 집을 방문했는데, 인사를 나누고 보니 힌두교 사제였다. 그의 집에 들어선 카일리낭은 깜짝 놀랐다. 집 안에 커다란 뱀이 살고 있는 게 아닌가. 그 사제는 브라만 계급인 띠까 바우벨이라는 사람이었는데, 집 안에서 큰 뱀을 기르면서 뱀을 숭배하고 있었다. 대화 중에 그는 처음엔 복음에 관심을 보이는 듯하더니 이내 듣기 싫어하면서 완강하게 거부하며 나가 달라고 했다. 카일리낭은 전화번호를 가르쳐 주면서 나중에라도 관심이 생기면 연락을 달라고 하고 그 집을 나섰다.

카일리낭이 그 집을 떠난 후 그 사제가 카일리낭을 저주하는 흑마술을 걸었다. 21세기에 무슨 흑마술인가 의아해할 수도 있으나, 어쨌든 그 사제는 저주를 동반한 흑마술을 여러 번이나 걸었다. 그러나 카일리낭에게 아무런 해를 끼치지 못했고, 카일리낭은 그가 자신에게 그런 흑마술을 걸고 있는지조차 몰랐다. 힌두교 사제는 하나님의 일꾼에게는 그런 마술이 전혀 효과가 없다는 것을 알지 못했다.

그런데 그 사제가 계속 흑마술을 시도하던 중 갑자기 자기 등 쪽에서 통증을 느끼기 시작했는데, 통증은 자리에서 일어나지 못할 정도로 심했다. 그는 여러 날을 누워 있다가, 카일리낭에게 사람을 보내서 자기를 위해 기도해 달라고 부탁했다. 카일리낭은 그를 찾아가 기도하고, 집에 돌아와서도 계속 기도하면서 그가 이번 기회에 치유를 경험하고 그리스도께 마음의 문을 열게 되기를 구했다.

한 주가 지난 후 다시 그 사제를 찾아갔는데 그가 자기 집 마당에 나와 걷고 있는 게 아닌가. 그는 카일리낭을 반갑게 맞이하더니 '당신의 기도 덕분에 좋아졌다'면서 집 안으로 들어오라고 했다. 이번에는 전과는 달리 복음에 대해 질문도 하면서 매우 진지하게 카일리낭의 말을 들었다. 한 시간 가까이 복음을 설명한 후 카일리낭이 그에게 예수님을 영접하고 싶은지 물었지만 그는 거절했다.

두어 주가 지난 후 사제는 다시 등 쪽의 통증을 느끼기 시작했다. 카일리낭이 방문하자 사제는 아픈 등이 낫도록 또다시 기도해 달라고 부탁했다. 다시 전처럼 기도하고 카일리낭은 집으로 돌아갔다. 두세 주가 다시 지난 2014년 6월 어느 날, 카일리낭은 다시 사제를 방문했다. 사제는 집 밖으로 나와 카일리낭을 반갑게 맞이하더니 이렇게 말했다.

힌두교 사제: 이번에는 내 등이 제대로 다 나은 것 같네요. 당신의 기도가 효력이 있긴 있군요.

카일리낭: 다행입니다. 그런데 당신은 힌두교 브라만이고 사제인데 왜 당신이 믿는 신에게 낫게 해달라고 기도하지 않았나요?

힌두교 사제: 물론 기도했죠. 처음에 아프기 시작했을 때 나는 내가 믿는 신에게 제사도 드리고 아픈 등을 낫게 해달라고 기도했어요.

카일리낭: 그래서 기도의 효과가 있던가요?

힌두교 사제: 처음에는 별로 좋아지는 것 같지 않았어요. 그런데 당신이 와서 기도해 주고 간 뒤 며칠이 지나자 통증이 사라졌지요. 그런데 내가 믿는 신이 낫게 한 건지, 당신이 믿는 신이 낫게 한 건지 알 수가 없었어요.

카일리낭: 그러면 두 번째 또 아팠다가 나은 건 누구 덕분인가요?

힌두교 사제: 두 번째는 처음보다 더 많이 아팠어요. 그래서 나는 처음보다 더 열심히 내가 믿는 신에게 제사를 드리며 기도했지요. 그런데 전혀 좋아지지 않았어요. 그래서 당신이 왔을 때 기도해 달라고 부탁했고요.

카일리낭: 제 기도가 도움이 되었나요?

힌두교 사제: 내가 믿는 신에게는 기도해도 효과가 없었어요. 그런데 당신이 기도해 주고 간 날 저녁부터 통증이 사라지더니 그 후부터 지금까지 아무런 문제가 없습니다. 그래서 깨달았죠. 당신이 믿는 신이 내가 믿는 신보다 더 세다는 걸 말입니다.

그러면서 사제는 이제 예수님을 믿을 준비가 되었다고 했다. 그는 카일리낭의 인도를 따라 예수님을 영접하는 기도를 드렸다. 그렇게 기도한 후 그는 이전에 카일리낭이 처음 방문하고 간 후부터 흑마술을 여러 번 걸었다고 고백했다. 그런데 카일리낭에게 아무런 일도 일어나지 않는 걸 보고서 놀랐을 뿐 아니라, 오히려 자기가 아프기 시작했다는 것이다. 그는 흑마술을 건 자기를 용서해 달라고 했다. 카일리낭은 그런 일이 있은 줄 전혀 몰랐으니 괜찮다고 하면서, 예수 그리스도를 믿기 때문에 다 용서받을 수 있다고 했다. 그때부터 그는 매주 카일리낭과 함께 성경 공부를 하기 시작했다.

힌두교 사제가 예수님을 믿게 되었다는 소문이 동네에 퍼지자 사람들이 점차 카일리낭에게 호의적으로 대하면서 예수님에 대한 얘기에 귀를 기울이게 되어 한 가정씩 믿기 시작했다. 그때쯤 발바두 구룽이라는 불교 신자도 예수님을 믿게 되었고, 그의 가정에서 가정교회 모임이 시작되었다. 신자들이 늘어나서 더는 가정에서 모이기가 힘들어지자, 신자들은 새로운 장소를 위해 기도하면

개종한 브라만 사제의 집에서 가진 성경 공부 모임

서 헌금을 모으기 시작했고, 다음 해인 2015년에 새신자들의 힘으로 스스로 작은 교회를 건축하였다. 카일리낭 선교사는 이 교회 이름도 하베스트교회로 부르기로 했다. 첫 번째 개척한 교회 이름도 하베스트교회인데, 첫 번째 교회를 개척하기까지 너무 고생을 했던 탓에 하베스트교회라는 이름에 대한 애착이 컸기 때문이었다.

멜보떼 하베스트교회의 성도들 중에서 비놋 구룽이라는 남자가 신앙 성장이 빠르고 매사에 성실하고 책임감이 남달라 카일라낭은 그를 대상으로 일대일 제자훈련을 시작했다. 비놋이 전임 사역에 헌신하겠다는 의사를 표현하고 교인들도 전임

교회를 건축하는 성도들

완공된 멜보떼 하베스트교회와 성도들

목회자를 원했기 때문에, 카일리낭은 2022년에 네팔 동부의 비타모드 지역에 세워진 제자훈련센터로 그를 보내 집중 훈련을 받도록 도왔다. 훈련을 받은 비놋은 하베스트교회의 전임 목회자가 되어 현재까지 이르고 있다. 2024년 현재 신자는 60여 명이며, 이 중 세례받은 이는 50여 명이다.

세 번째 나갈교회 개척

두 번째 교회가 조금씩 성장하자, 2017년에 카일리낭은 또 다른 개척에 나섰다. 이번에는 다르질링과 네팔의 경계 지역에 있는 빠수빠띠 나갈이라는 작은 시골 도시였다. 카일리낭은 두 번째 개척 교회에서 충성된 제자였던 쿠마르 구룽과 함께 전도 여행에 나섰다. 몇 달 후인 11월에 불교 신자인 시부 구룽 가정과 또 다른 불교 가정이 주님께로 돌아왔다. 카일리낭은 시부 구룽의 집에서 가

나갈교회 신자들(우측 끝에 카일리낭 선교사)

정교회를 시작했다.

　신자들이 조금씩 더 늘어나자 카일리낭은 쿠마르 구룽을 비타모드 제자훈련센터로 보내 집중 훈련을 받게 한 후에 나갈교회의 전임 목회자로 세웠다. 2024년 현재 이 교회는 30명의 신자가 있고, 쿠마르 구룽 목사가 목회하고 있다.

네 번째 그린밸리(Green Valley)교회 개척

　세 번째로 개척한 나갈교회를 제자인 쿠마르 구룽에게 위임한 후, 카일리낭은 2020년 2월에 악화된 아내의 건강 회복을 위해 다르질링에서 실리구리시로 이사했다. 이 도시에도 역시 차를 재배하는 밭들이 있는데, 주로 아디바시 계층의 사람들이 일하고 있다. 아디바시(Adivasi)란 전통적으로 힌두교 카스트 제도에서 소외된 소위 불가촉천민으로 분류된 사람들로서, 현대에 들어와서도 다른 카스트들이 전혀 상대를 해주지 않을 정도로 차별을 받고 있다.

　3월부터 코로나바이러스 전염병이 확산되었지만, 카일리낭은 차밭에서 일하는 아디바시를 상대로 전도를 시작했다. 전염병이 유행 중이었지만 차밭 지역은 넓은 초원이고 자유롭게 통행할 수 있어서 불편함 없이 복음을 증거할 수 있었다. 얼마 후에 힌두교인이었던 란짓 우리이가 첫 신자가 되었고, 이 가정의 거처를 중심으로 가정교회가 시작되어 다수의 아디바시가 회심하여 그린밸리교회를 개척했다.

　2024년 현재, 45명의 신자가 출석하고 있다. 제자훈련을 받은 라

그린밸리교회의 예배 모임

멜 우라우 목사가 담임하고 있으며, 교회 건축을 위한 땅을 준비 중에 있다.

다섯 번째 네팔의 구라 코리 가정교회 개척

2022년, 코로나바이러스 전염병의 확산이 진정되자, 네팔에 사는 한 기독교인 친구로부터 카일리낭 선교사에게 연락이 왔다. 자기 부인의 고향 마을에 미전도 종족이 있는데 교회를 개척해 달라는 것이었다. 그곳은 네팔 서부의 산악지역에 위치한 오클 둥가의 구라 코리 마을이었다. 카일리낭은 기도하면서 하나님께서 복음의 문을 열어 주실 것을 믿고 가기로 했다.

세 번째 교회에서 제자훈련을 받은 지도자에게 교회 사역을 부분적으로 위임하고 네팔로 향했는데, 실리구리에서 무려 800킬로미터나 떨어진 그곳은 버스를 타고 간 뒤 내려서도 다시 한참을 걸어 들어가야 했다. 그 마을에는 200여 가구에 1,000명 정도의 인구가 있었고 완전한 힌두인 마을이었다.

카일리낭은 그 기독교인 친구와 함께 가정을 방문하면서 전도하기 시작했다. 놀랍게도 주민들은 한 번도 들어 보지 못한 복음에 크게 반발하지 않았고, 오히려 큰 관심을 보였다. 그 때문인지 불과 한 달 반 만에 무려 25명이 예수님을 믿게 되어, 매주 가정마다 돌아가면서 예배와 성경 공부 모임을 하며 가정교회가 시작되었다. 카일리낭은 새신자들 중에 비교적 젊은 청년 몇 명을 대상으로 제자훈련을 했고, 그중에 부팔 따망이란 남자 청년을 선택하여 네팔의 수도 카트만두에 있는 제자훈련센터로 보내 수개월간 집중 훈련을 받도록 했다. 그는 다시 돌아와서 가정교회 신자들의 동의를 얻은 후 가정교회를 인도하기 시작했다.

현재 구라 코리 교회는 부팔 따망 목사가 목회 중이며, 아직 미자립이어서 마니푸르주에 있는 현지 교회의 후원을 받고 있다. 카일리낭 선교사가 정기적으로 방문하여 멘토링하고 있으며, 자체적으로 활발하게 전도 활동을 하고 있다.

카일리낭 선교사(우측 두 번째)와 교회 개척 동역자들

여섯 번째 네팔의 마이 마주아교회 개척

2023년 3월에 카일리낭 선교사는 새로운 지역에 복음을 전하기 위해 나섰다. 네팔의 일람 지역에 있는 마이 마주아 마을은 두 번째 개척한 네팔의 멜보떼 하베스트교회를 담임하고 있는 비놋 구룽 목사의 어머니가 사는 곳으로, 250여 가구에 1,000명이 사는데 교회도 기독교인도 전혀 없었다. 카일리낭은 비놋과 함께 마을을 방문하여, 먼저 비놋의 가족들에게 복음을 전했다. 비놋의 다른 형제들은 거절했지만 어머니와 비놋의 남동생 1명이 믿게 되었다. 그래서 비놋의 가족이 사는 집을 중심으로 가정교회가 시작되었다.

계속해서 이웃들을 전도하는 동안, 아비섹 라이라는 사람을 만나게 되었다. 그는 중국계로서 과거에 말레이시아에 가서 일하는 동안 예수님을 믿게 되었으나 네팔에 온 후로는 교회도 없고 해서 신앙생활을 제대로 하지 못하고 있었다. 카일리낭은 그를 집중적으로 훈련시켰는데, 그는 자신이 운영하는 회사에서 직원들을 대상으로 전도하게 되었고, 신자들이 조금씩 늘어나기 시작했다.

마이 마주아교회의 예배 모습

　카일리낭은 새신자들 중 라주 라이라는 남성을 선택하여 제자로 양육하였고, 네팔 동부에 있는 비타모드 제자훈련센터에서 집중 제자훈련을 받게 한 후에, 가정교회를 인도하도록 위임하였다. 현재 마이 마주아교회에는 22명의 신자가 있으며, 라주 라이 목사가 목회하고 있다.

일곱 번째 아따르 가정교회의 시작

　가장 최근에 개척을 시작한 곳은 카일리낭이 살고 있는 실리구리의 아따르 마을로서, 지난 2023년 12월부터 시작했다. 카일리낭은 산제이 우랄이라는 남성에게 전도했는데 그는 아디바시 출신이

아따르 가정교회 성도들

었다. 그 후 만줄랄이라는 또 다른 아디바시 출신의 남성이 주님께 돌아왔는데, 그는 제자훈련을 받으면서 구원의 확신을 얻게 되었고 신앙이 빨리 자라났다. 카일리낭은 만줄랄을 전도에 동참시키면서 계속 훈련하고 있다. 현재 두 가정이 가정교회 모임에 참석하고 있으며, 만줄랄이 모임을 인도하고 있다. 카일리낭은 지금도 계속 그와 함께 정기적으로 전도를 하고 있으며, 또 그를 멘토링 하고 있다.

아따르 가정교회의 한 새신자가 세례를 받고 있다.

사람을 세우는 선교

4장
BTS신학교:
BTS신학교의 사역 전략

BTS신학교 본관 전경

1. BTS신학교 개관

BTS신학교는 제자 양성소로서, 제자 삼는 제자를 양성하는 곳이다. 피터 선교사는 그가 시작한 BTS신학교에서 제자 세우는 일에 초점을 두고 모든 역량을 쏟았다. 이것이 10년 만에 1,000여 개의 교회를 개척하게 된 핵심 비결이다. 여기서는 BTS의 운영 현황을 간략하게 소개한다.

BTS신학교 부속 교회, 우측에 신학교 본관이 보인다.

A. 연혁

- 2013년, 인도 나갈랜드주 디마풀시의 월셋집에서 17명 학생으로 개교
- 2015년, 교단 수양관을 빌려 BGSTM(신학선교대학원)으로 개명, 석사 과정 학생 40명
- 2021년, 디마풀시와 인근 아쌈주의 경계 지역으로 이사, BTS신

학교로 개명
- 2023년, 본관 3층 및 부속 예배당 완공
- 2024년 현재, 교수 10명, 재학생 100명—신학석사(Th.M.) 30명, 목회학석사(M.Div.) 40명, 목회학박사(D.Min.) 30명

B. 표어 성구

"내 아들아 그러므로 너는 그리스도 예수 안에 있는 은혜 가운데서 강하고 또 네가 많은 증인 앞에서 내게 들은 바를 충성된 사람들에게 부탁하라 그들이 또 다른 사람들을 가르칠 수 있으리라" (딤후 2:1-2).

C. 사명

우리의 사명은, 헌신되고 신실한 젊은 남녀를 '제자를 삼는 제자'로 훈련하여, 인도 동북지역을 포함한 인도 전역과 인근 국가들을 대상으로 복음을 전하고 교회를 개척하여 예수 그리스도의 지상명령을 성취하는 것이다.

D. 비전

우리의 비전은 2030년까지 3,000명의 제자 삼는 제자를 세워 힌두교, 무슬림, 불교권의 미전도 종족과 무교회 지역에서 섬김, 전도 및 제자훈련을 통해 3,000개의 교회를 개척하고, 2040년까지 10,000개 교회, 그리고 2050년까지 30,000개 교회를 개척하는 것이다.

E. 핵심 가치

- 우리의 신학은 하나님의 말씀인 성경에 기반하는 복음주의 신학이다.
- 우리는 개인의 경건한 삶과 건강한 가정을 구축하고, 부모를 존경하고, 이웃을 사랑하는 제자로 세운다.
- 우리는 지역교회를 세운다. 학교의 모든 교직원은 학교 교회 활동에 능동적으로 참여하며, 외부 교회에서 봉사하는 학생들은 교회의 제반 활동에 적극 참여한다.
- 우리의 신학 교육 방식은 실제적이다. 우리 신학교는 학생들을 영적 성숙은 물론, 성경과 신학 지식 및 현장 사역 기술을 동시에 갖춘 사역자로 구비시킨다.
- 우리의 사역은 복음 전파가 우선이다. 학교의 모든 교직원과 학생들은 주말 전도 행사에 의무적으로 참여한다.
- 우리는 그리스도의 제자 공동체로서, 모든 종족들과 나라들 가운데 교회를 개척하여 지역사회의 변화를 통한 하나님 나라의 건설을 추구한다.

F. 운영 현황(2024년 12월 현재)

- 소재지: 인도 아쌈주 카르비앙롱 구역, 나호르잔 블록 2, 카니 아톡비 마을, 우편번호 782480(Kania-Tokbi Village, Nahorjan Block II, Karbi Anglong-District, Assam-782480 India)
- 개교 연도: 2014년
- 학장: 피터 티우마이(Peter Thiumai) 박사
- 교수: 14명

- 재적 학생수: 100명[2024년 현재, 신학석사(Th.M.) 30명, 목회학석사 (M.Div.) 40명, 목회학박사(D.Min.) 30명]
- 졸업생: 320명(2014~2023)

학장 피터 티우마이 박사

BTS신학교 교수진

G. 사역 전략: 선순환 사역

좋은 전략은 좋은 열매를 만든다. 아무리 동기가 좋고 열심을 내더라도 전략이 효과적이지 않으면 원하는 열매를 얻기가 어렵다. 우리 주 예수 그리스도께서도 뛰어난 전략가이셨다. BTS신학교가 기도와 다양한 경험을 통해 개발한 효과적인 선교 전략은 '선순환 사역 모델'이다. 이 전략은 선교 사역의 5가지 기본 요소인 지역사회 섬김, 전도, 제자훈련, 교회 개척, 신학 교육(지도자 개발)을 하나의 선순환적 구조로 만들어, 시너지 효과를 통해 최대의 사역 결과를 창출해 내는 사역 모델이다(이에 대한 자세한 내용은 다음 2번에서 설명).

H. 특징

- 신학 교육의 초점은 제자를 세우는 제자의 양성에 둔다.
- 교실에서의 신학 교육을 포함, 개인 영성과 실제 사역 훈련을 통합하는 교육을 실시한다.
- 신학 교육은 교회나 선교지에서 실제로 가르칠 수 있는 내용의 교육에 중점을 둔다.

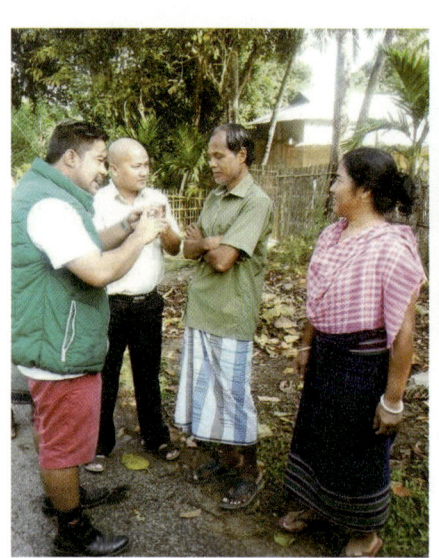

BTS신학교의 스티픈 교수가 신학생의 전도 실습을 곁에서 돕고 있다.

피터 학장이 마을 사람들에게 전도하고 있다.

- 모든 교수는 학생들과 함께 매주 전도 활동 및 방학 선교 여행을 실시한다.
- 모든 학생은 졸업하는 즉시 교회를 개척할 수 있는 능력을 갖게 된다.

I. 커리큘럼

BTS신학교의 교과 과정은 전통적인 신학교와는 다른 패러다임으로 구성된다. 즉, 과정의 3분의 1(40%)은 성경 및 신학 과목 강의, 3분의 1(30%)은 영성 훈련 및 개인 성경 공부, 나머지 3분의 1(30%)은 사역 실습(전도, 섬김, 제자훈련)으로 구성된다.

J. 주간 시간표: 커리큘럼에 맞춘 시간표 구성

요일	오전 5:00-7:00	오전 9:20-9:50	오전 10:00-오후 6:00	오후 9:00-10:30
월	개인 성경 공부, 기도	경건회 및 기도	신학 수업	그룹 성경 공부 및 기도
화	개인 성경 공부, 기도	경건회 및 기도	오전 10시-오후 3시: 신학 수업 오후 3-6시: 섬김 및 전도	그룹 성경 공부 및 기도
수	노동	셀그룹 모임	신학 수업	교회 성경 공부 및 기도
목	개인 성경 공부, 기도	경건회 및 기도	오전 10시-오후 3시: 신학 수업 오후 3-6시: 섬김 및 전도	그룹 성경 공부 및 기도
금	개인 성경 공부, 기도	경건회 및 기도	오전 10시-오후 3시: 신학 수업 오후 3-6시: 섬김 및 전도	그룹 성경 공부 및 기도
토	개인 성경 공부, 기도	섬김과 전도	섬김 활동과 전도	주일 준비
매월 첫 주일은 종일 금식기도				

2. BTS신학교 사역: 제자 삼는 제자 양성에 초점을 두는 신학 교육

BTS신학교의 설립 목적은, 세계에서 가장 많은 미전도 종족을 가진 인도와 그 주위 국가의 미전도 종족을 복음화하는 것이다.

이 목적을 성취하기 위해 BTS신학교는 '제자 삼는 제자 양성'을 통해 교회를 개척한다. 여기서 최대의 초점은 '제자를 삼을 수 있는 제자를 세우는 것', 즉 재생산하는 제자를 훈련하는 것이다.

그리고 그 제자들을 통해 세워지는 교회는 자립해야 한다. 이는 삼자(三自) 원리, 곧 스스로 전도하고(자전), 스스로 재정을 책임지고(자립), 스스로 관리하는(자치) 교회를 세우는 것이다. 현대 선교의 핵심 과제들 중 하나는 자립하는 교회를 세우는 것이다. 선교지에 세워진 교회가 자립하지 못하면 외부에서 끊임없이 후원해 주어야 하는데, 이는 비단 교회뿐 아니라 신학교, 병원, 학교, 개발 사역 및 모든 형태의 선교 사역에 해당한다. 사역 초기부터 재생산할 수 있는 제자를 세우면서 자립 정신과 방법을 가르치지 않으면 계속 홀로 서지 못하고 외부에 의존하게 되는 것이다. 따라서 현지에서 진행하는 어떠한 종류의 선교 사역이든 처음부터 자립을 목표로 시작하고, 이를 위해 재생산할 수 있는 제자를 세워야 한다.

BTS신학교는 초기부터 제자 삼는 제자 세우기와 자립이라는 두 가지에 초점을 맞추고, 이를 달성할 수 있는 현장 사역 전략을 개발하였다. 하나는 '선순환 사역 모델'이며, 또 하나는 '제자훈련센터'이다. 여기서는 선순환 사역이 무엇이며, 이것이 어떻게 진행되는지, 또한 제자훈련센터가 하는 일은 무엇인지를 소개하면서, 이를 통해 학교가 원하는 목표를 어떻게 이뤄가는지를 설명하고자 한다.

선순환 사역 모델

A. 선순환 사역 모델이란?

선순환 사역(The Virtuous Cyclical Ministry)은 선교 사역의 5가지 기본 요소인 섬김, 전도, 제자훈련, 교회 개척, 신학 교육(지도자 개발)을 하나의 선순환적 구조로 만들어, 시너지 효과를 통해 최대의 사역 결과를 만들어 내는 사역 모델이다. 이 모델은 미전도 종족과 미전도 지역을 더 효과적으로 복음화하기 위해 BTS신학교가 주도하여 개발한 사역 전략이다. 이는 다음과 같이 도식화할 수 있다.

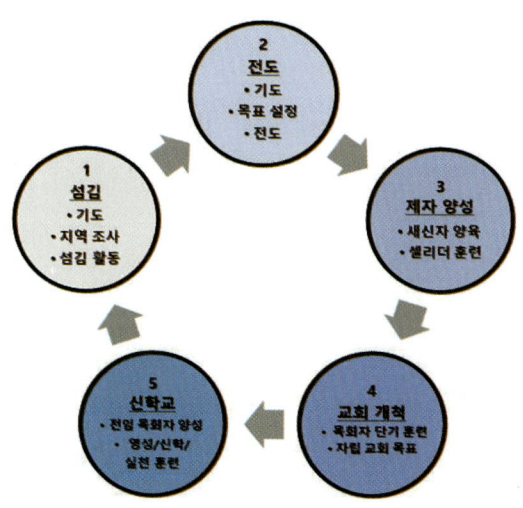

B. 선순환 사역 모델의 특징

1. 선순환 사역 모델의 목적은 미전도 종족과 무교회 지역에 교

회를 개척하여, 인도, 네팔, 부탄, 방글라데시, 미얀마 등의 인근 지역을 좀더 신속하게 복음화하는 데 있다.

2. 이 모델은 사역의 5가지 기본 요소가 유기적으로 상호연결되어 진행된다.

3. 이 모델은 BTS신학교가 주도하여 시작했다. 현재는 신학교, 제자훈련센터, 개척한 교회 지도자들이 함께 연합하여 협력한다.

4. 사역의 시작은 섬김과 전도를 통합하여 진행한다. 단, 상황에 따라 전도를 우선시한다.

5. 사역의 초점은 '제자 삼는 제자를 세우는 것'에 있다.

6. 개척된 교회는 최단 시간 내에 자립하는 것을 목표로 한다. 이를 위해 신학교, 제자훈련센터, 자립한 교회들이 적극 협력한다.

7. 개척된 교회는 전임 목회자 후보자가 나오면 즉시 신학교로 보내 교육받게 한 후 다시 돌아오도록 한다.

8. 이 모델은 외부의 의존을 최소화하고, 선교지에서 지속 가능한 선교를 지향한다.

C. 선순환 사역 모델의 5단계

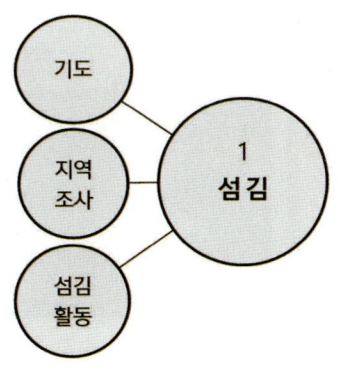

(1) 1단계-섬김

선순환 사역 모델에서는 먼저 선교 대상 지역에서 섬김의 활동을 진행한다. 이는 단순한 봉사를 넘어서 체계적인 DNA(지역사회 섬김 사역)와

CHE(지역사회 개발 선교) 전략을 응용한 것이다. 이런 접근이 필요한 이유는 다음과 같다.

첫째, 인도는 힌두교가 가장 강하지만, 불교 혹은 이슬람교가 강한 지역들도 있다. 이런 지역은 환경이 열악하고 직접적인 복음 전도도 반대한다. 따라서 먼저 섬김 사역을 통해 주민들과 좋은 관계를 만들어야 한다. 마음을 얻어야 영혼을 얻는 법이다. 둘째, 섬김은 예수님께서 말씀과 치유를 통합하며 행하신 전인 사역의 모범을 충실하게 따르는 것이기 때문이다. 섬김은 3가지 순서로 진행하는데, 곧 기도, 지역 조사, 섬김 활동이다.

지역사회 섬김: 지저분한 도로 청소, 손상된 도로 정비, 버스터미널 주변 청소

- **기도:** 기도를 통해 하나님께서 문을 열어 주시는 지역을 분별한다. 여러 대상 지역을 두고 하나님이 원하시는 지역이 어디인지를 확인한다.
- **지역 조사:** 대상 지역이 정해지면 지역을 방문하여 조사한다. 체계적인 방식을 통해 지역 주민들의 삶의 전반적 상황이 어떤지, 무엇이 필요한지, 특히 영적 상태는 어떠한지 등을 조사 목록을 따라 조사한다.
- **섬김 활동:** 조사 결과를 바탕으로 마을의 필요를 우선적으로 채워 줄 수 있는 것부터 실시한다. 지역의 지도자들을 먼저 만나 의논하되, 큰 비용이 요구되는 일은 피하고, 비교적 긴급하면서도 간단하게 해결 가능한 것부터 시작한다.

♣ 긴급 구호 사역 (1): 코로나바이러스 전염병 대유행 기간 구호 활동

이 기간 동안 신학생들의 헌금과 외부 모금을 통해 일자리를 잃

디마풀 시내에 거주하는 방글라데시 이주민 무슬림에게 음식과 생필품 제공

인근 힌두교 마을 사람들에게 음식과 생필품 제공

은 인근 무슬림 마을과 힌두교 마을 사람들에게 몇 달 동안 음식과 생활용품을 나눠 주었다.

♣ 긴급 구호 사역 (2): 마니푸르주 인종 분쟁 피해자 구호 활동

지난 2023년 5월 인도 동북지역 마니푸르주에서 끔찍한 인종 분쟁이 일어났다. 이 분쟁은 기독교 부족인 쿠키(Kuki) 부족과 힌두교

인종 갈등으로 발생한 피해

인종 갈등으로 발생한 피해

부족인 메이떼이(Meitei) 부족 간의 토지 소유권 문제를 둘러싸고 일어난 충돌이었다. 그 결과, 100명 이상의 사망자와 수백 명의 부상자가 발생했으며, 수백 개의 교회가 불타고, 수만 명의 이재민이 생겨났다. 메이떼이족도 피해를 입었으나, 쿠키족은 더 큰 피해를 입었다. 수개월간의 혼란 끝에 4만 명 이상의 정부군이 투입되어 진정되었으나, 현재도 간간이 쌍방 간에 충돌이 일어나고 있다. 이러

인종 갈등으로 발생한 피해

인종 갈등으로 발생한 피해

인종 갈등으로 발생한 피난민들을 위한 BTS신학교의 구호 활동

한 위기 상황 동안 피해를 당한 주민들을 위해, BTS신학교는 긴급 구호 활동을 활발하게 펼쳤다.

(2) 2단계-전도

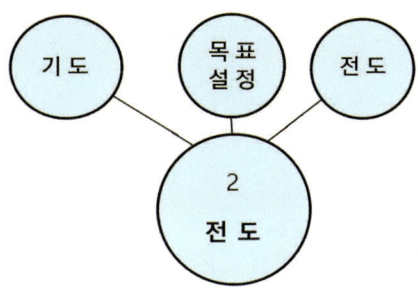

- ■기도: 전도 단계에서 기도는 영적 전투를 위한 준비이다. 전 단계의 섬김 활동을 통해 주민들과 우호적인 관계가 형성되면, 하나님께서 사람들의 마음을 열어 주셔서 복음을 증거할 수 있는 때를 분별할 수 있도록 기도한다. 기도를 통해 사역팀은 대상 지역에 대한 비전을 갖게 되고, 그러한 확고한 비전은 지역에 대한 헌신으로 이끈다.
- ■목표 설정: 분명한 목표는 사역의 방향, 초점과 우선순위를 정하는 데 지침이 된다. 이때 목표를 달성하기 위한 구체적인 계획을 세운다.
- ■전도: 설정한 목표와 계획에 따라 전도 사역을 진행한다. 그리고 계속 기도한다.

(3) 3단계–제자 양성

전도를 통해 새신자들이 생기면, 그룹으로 조직하여 제자훈련을 실시하는데, 2개의 과정을 순서대로 진행한다. 제1과정은 새신자를 대상으로 하는 기본적 제자훈련이다. 제2과정은 개척된 가정교회(셀교회)를 이끌어갈 지도자를 세우는 훈련 과정이다.

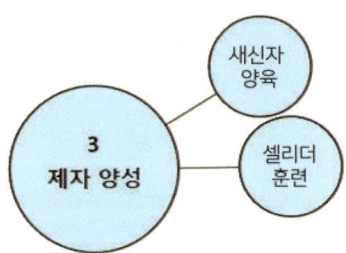

다양한 전도 현장: 길거리, 상점, 식당, 기차역, 가정 방문 등

신학교 교수들도 항상 전도 활동에 동행하여 모범을 보여 준다.
(왼쪽은 피터 학장이 무슬림 교사에게 전도하는 모습, 오른쪽은 카이펑 교수가 공원에서 전도하는 모습)

■ **제자훈련 1** 과정은 새신자를 위한 6주 내지 9주간의 기본 신앙 훈련이다. 전도를 통해 그리스도께로 나아온 새신자들을 가정에서 모이는 셀교회로 조직하고, 7주간 이내에 기본적인 신앙 훈련을 시작한다. 다루는 내용은 구원의 확신, 성경 읽기, 기도, 헌금, 교제, 간증을 통한 전도 등이다. 이 훈련은 주로 가정교회, 셀교회를 중심으로 이뤄진다.

네팔 비타모드 제자훈련센터에서의 훈련(2022)

■**제자훈련 2** 과정은 개척한 가정교회 혹은 셀교회를 인도할 지도자를 훈련하는 과정이다. 새신자들을 훈련하는 기간 중에 지도자로서의 잠재력을 가진 신자를 발굴하여 셀교회 지도자로 세운다. 셀교회 지도자 후보자는, 별도로 마련된 제자훈련센터에서 12주간(3개월)의 훈련을 받게 된다. 훈련을 이수하면 셀교회 지도자로 임명하여 파송식을 거쳐 파송한다. 훈련 내용은 기본적 신앙 교육, 기본적 성경 및 신학 훈련, 셀교회 운영방법 등이다. 즉, 성경 읽기와 기도, 전도 방법, 성령 충만함과 함께, 성경 개론, 기독론, 성령론, 하나님의 속성, 교회 행정, 헌금론, 설교법, 예배 인도법, 그리고 지역사회를 향한 섬김 방법(전인적 사역)을 배운다. 이 훈련 과정은 주로 6개 지역에 세워진 제자훈련센터(DTC)를 중심으로 진행된다.

네팔 비타모드 제자훈련센터에서의 훈련(2024)

(4) 4단계-교회 개척

전도를 통해 새신자 그룹이 만들어지고 셀교회 혹은 가정교회가 만들어진다. 이어서 세워진 교회를 이끌어 나갈 지도자들을 훈련하여 스스로 교회를 이끌어 가도록 한다.

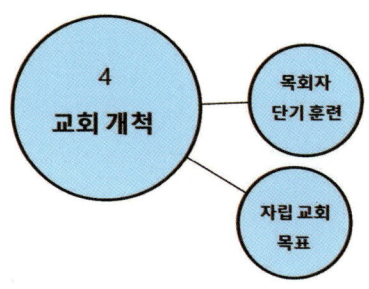

- **목회자 단기 훈련:** 앞에서 세워진 셀교회 혹은 가정교회 지도자를 위한 6개월 내지 12개월(1년) 훈련 과정이다. 셀교회 교인들의 인정을 받은 사람들을 대상으로 하며, 제자훈련센터에서 6~12개월간의 교육 과정을 거치면 셀교회의 목회자로 임명을 받고 목회 사역을 하게 된다. 교육 내용은 셀교회 지도자 기본 훈련 과정의 심화 과정으로서, 목회자가 기본으로 갖춰야 할 신학 지식, 목회 기술, 지역사회를 향한 봉사 및 전도 사역과 연관된 실습 훈련 등이다. 훈련을 이수하고 테스트를 거치면, 셀교회로 돌아가 목회를 담당하게 된다.
- **자립 교회:** 셀교회는 자립 교회를 목표로 한다. 즉, 자치, 자립, 자전의 삼자 교회 설립이다. 셀교회 목회를 하는 중 마을에서 교회당 건축을 위한 토지와 재정이 마련되면 교회당을 건축한다. 그리고 교회가 목회자를 전임 목회자로 세우고 생활비를 지원하면, 목회자는 좀더 체계적인 신학 교육을 위해 교회

의 승인하에 신학교에 가서 2~3년간 교육을 받는다. 신학교 과정을 이수한 후 교회로 돌아와서 계속 사역한다.

새신자들이 자신들의 교회를 건축하고 있다.

(5) 신학교

BTS신학교는 현장 셀교회에서 제자훈련의 열매가 확실한 지도자를 전임 목회자로 세우는 정규 신학 교육 과정이다. 또한 지역교회에서 차세대 지도자를 세우기 위해 위탁하는 젊은 남녀들을 대상으로 교육한다. 신학교에서는 지도자들을 세우는 데 실제 현장 사역 훈련에 초점을 맞추고, 신학생들과 함께 지역사회와 선교지에서 정기적으로 전도와 교회 개척을 실행한다.

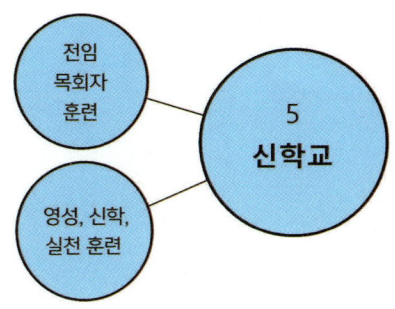

- **전임 목회자 훈련:** 사역 현장에서 오는 셀교회 지도자들과 지역교회에서 위탁하는 차세대 지도자들을 대상으로 전문적인 전임 목회자를 세우는 정규 신학 교육 과정이다. 이 두 부류의 학생들은 모두 5단계로 이뤄진 '선순환 사역 모델'에 따른 실천 중심의 교육을 받게 된다.
- **영성 훈련, 신학 교육, 실천 훈련의 통합:** 이 과정에서는 영성 훈련, 신학 교육, 실천 훈련을 통합한 교육 과정을 진행한다. 실천 훈련은 '선순환 사역 모델'을 기본으로 하여, 주말 지역사회에서의 섬김과 전도 활동, 방학 기간의 미전도 지역 및 개척된 교회 지역에서의 섬김, 전도, 제자훈련, 그리고 교회 개척 활동 참여 등으로 구성되며, 학생들은 이런 훈련 실습 및 실제 사역에 동참한다.

BTS신학교가 주도하여 개척한 교회는 지난 10년간 143개에 이른다. 이는 피터의 제자들이 개척한 전체 1,000여 개 교회 속에 포

신학생들과 함께 전도한 새신자들에게 세례를 베푸는 피터 선교사

BTS신학교 주도로 개척한 수많은 교회들 중 인근 지역사회에 개척한 하종푸르교회 앞에 서 있는 피터 선교사. 이 교회는 현재 제자훈련을 받은 한 장로가 지도하고 있으며, 전임 목회자가 세워지기를 기도하고 있다.

함된다. 신학생들은 이런 과정을 통해 전도자와 교회 개척가와 제자 훈련가로 세워지는 것이다.

3. 제자훈련센터(DTC, Discipleship Training Center)

BTS신학교는 전도를 통해 예수님을 믿게 된 새신자들과 이들이 모이는 셀교회를 인도할 지도자들을 제자로 세우기 위해, 셀교회들이 있는 지역들의 중심 장소에 제자훈련센터를 설립했다. 각 제자훈련센터는 피터의 제자들이 운영 책임을 맡고 있으며, 개척한 교회들의 지도자를 훈련하면서 그들과 함께 새로운 교회를 개척하고 있다.

제자훈련센터의 설립 목적은, 사람들을 가까운 곳에서 쉽게 모이게 하여 제자훈련을 통해 제자로 세우는 것이다. 피터 선교사의 제자들은 전도를 통해 예수님을 믿게 된 새신자들과 이들이 모이는 셀교회의 지도자들이 있는 지역에서 가까운 중심 장소에 제자훈련센터를 설립했다. 2024년 현재, 인도와 네팔을 비롯하여 6개 지역에 제자훈련센터를 두고 활동하고 있다(다음 도표 참조). 제자훈련센터의 역할은 새신자 교육, 셀교회 지도자 훈련, 셀교회와의 협력에 의한 또 다른 전도와 교회 개척이다.

제자훈련센터(DTC) 현황(2024년 5월 현재)

번호	센터명	지역	책임 제자
1	J 제자훈련센터	인도-부탄 국경 지역	M
2	다르질링 제자훈련센터	다르질링, 서벵갈주	디펜드라
3	실리구리 제자훈련센터	실리구리, 서벵갈주	탄투이
4	비타모드 제자훈련센터	비타모드, 네팔	스티픈, 박타
5	미얀마 제자훈련센터	미얀마 L주	T
6	트리푸라 제자훈련센터	아그라탈라, 트리푸라주	엘리야
	2025~2026년 설립 예정(2025년 3지역, 2026년 1지역)		
7	카트만두 제자훈련센터	카트만두, 네팔	디펜드라
8	오릿사 제자훈련센터	오릿사주	트릴로찬
9	챠티스갈 제자훈련센터	챠티스갈주	프라탑 싱
10	러크나우 제자훈련센터	우타르프라데시주	라케쉬 굽타

지도의 빨간 점 6개는 기존의 제자훈련센터,
파란 점 4개는 설립 예정인 제자훈련센터

BTS신학교, 제자훈련센터, 개척한 교회들 간의 통합 사역 구조

선순환 사역 모델을 통해 BTS신학교, 제자훈련센터, 그리고 개척한 교회들이 서로 협력 네트워크를 이루는 가운데 시너지 효과를 만들어 내고 있다.

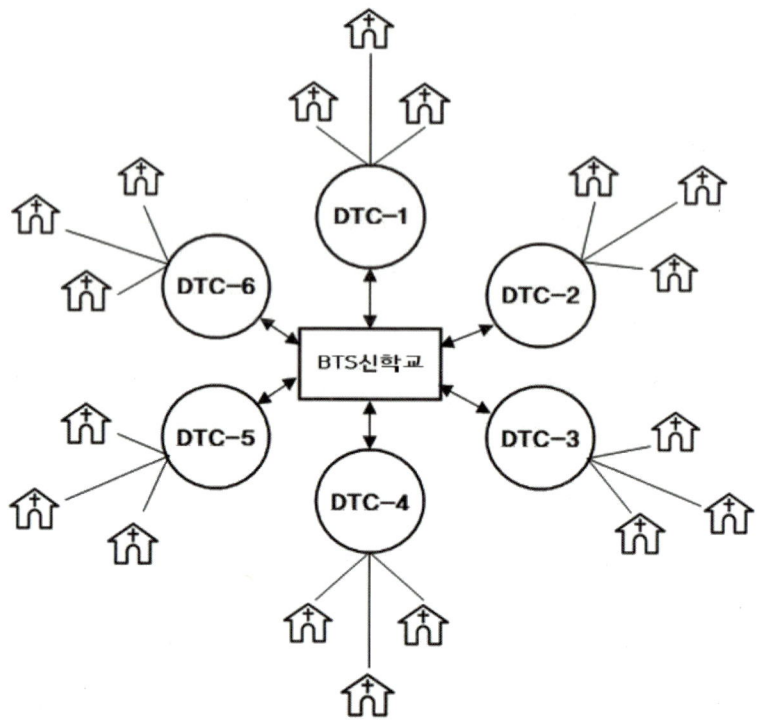

- 이 통합 모델은 BTS신학교가 주도하는 것으로, 전도를 통해 교회를 개척하고, 제자훈련을 통해 개척된 교회 지도자를 세워 스스로 운영하게 하며, 교회 지도자를 BTS신학교에서 교육하여 자립 교회가 되도록 한다.
- 이런 과정을 통해 자립한 교회는 스스로 다시 전도와 제자훈련 사역을 통해 교회를 성장시키는 동시에, 스스로 새로운 지역에서 전도와 제자훈련을 통해 새로운 교회를 개척한다. 이 과정은 지속적으로 반복되며 진행된다.
- 신학교는 자립한 교회가 스스로 교회를 개척할 수 있도록 협

력과 지원을 계속하면서, 지속적으로 새로운 지역에서 동일한 선순환 사역을 진행한다.

이와 같은 통합 사역 구조를 바탕으로 사역은 더욱 발전하고 확산된다.

1. 개척된 교회들은 또다시 새로운 교회의 개척에 나선다(아래 그림 참조).
2. 각 지역의 DTC가 각 교회의 개척 사역을 돕는다.
3. BTS신학교는 매년 신학생팀들을 보내 DTC 및 개척된 교회들과 함께 새로운 교회 개척과 제자훈련 과정을 진행한다.
4. 모든 DTC는 제자훈련 과정이 있을 때마다 서로 협력해서 사역한다.

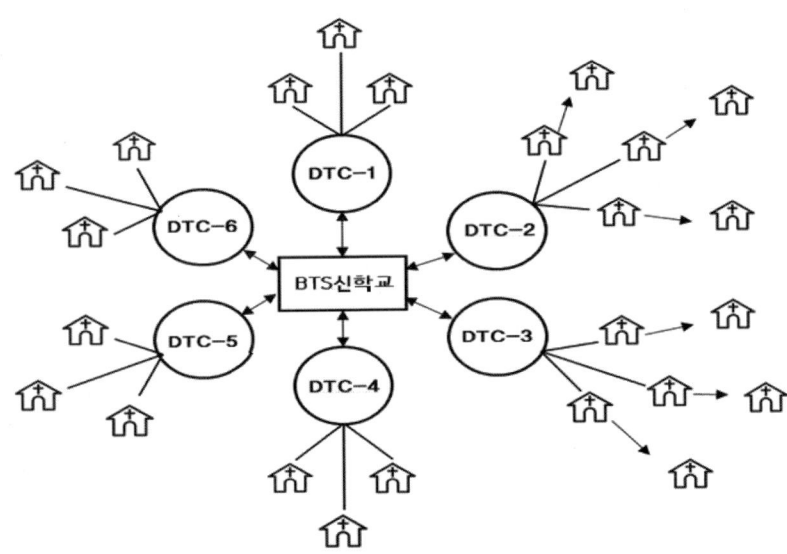

각 DTC와 연결된 개척 교회들은 DTC와 함께 새로운 교회를 개척한다.

나가는 말

또 다른 열매를 위하여

필자는 1984년 10월 21일, 경북 상주시 중동면 신암리에 소재한 70호 정도의 주민들이 사는 마을에 있는 신암교회에서 목회를 시작했다. 당시 신학교에 다니는 중이어서 목회에 대해서는 아무것도 모른 채, 그냥 지역사회를 잘 섬겨야겠다는 생각으로 목회를 시작했다. 그때 남양만에서 두레공동체를 이끄시던 김진홍 목사님을 만나서 받은 조언이 큰 도움이 되었다. 즉, 교회는 지역사회를 섬기는 공동체로서, 지역사회에서 인정을 받아야 복음도 잘 전할 수 있다는 것이었다.

지역사회를 섬기는 사역에 대해서는 나중에 국제적으로 DNA(Disciple Nations Alliance) 사역을 해오던 밥 모피트 목사님과 대로우 밀러 목사님으로부터 체계적으로 배우게 되었다. 이 사역의 핵심 원리에는, 가난한 지역에 외부에서 돈을 계속 주면 현지 교회

경북 상주 신암교회 성도들과 함께(1987년 봄)

나 지역사회에 자생력이 생기지 않으며, 따라서 비록 적더라도 현지 교회와 지역사회가 가진 자원을 가지고 섬기는 것이 우선이라는 내용이 포함되어 있다. 이런 원리를 배운 덕분에 우리 교회가 인도에서 선교할 때, 이슬람이나 힌두교, 불교 지역에서 이와 같은 섬기는 사역을 통해 복음 전파와 교회 세우는 일들이 계속 재생산될 수 있었다.

첫 목회지, 신암교회 시절

필자는 첫 부임지였던 신암교회에서 3년 8개월간 목회하는 동안, 지역사회 섬김을 교회 목회보다 우선순위에 둔 것이 지역사회의 인정을 받아 복음을 효과적으로 전하고 교회가 부흥하는 축복을 누렸다. 되돌아보니, 맨처음 신암교회에 부임했을 때 교회는 건물 안팎의 페인트칠도 낡았고, 교회 담장은 무너진 채였다. 교회 안에 커튼도 없었고, 새벽기도 시간을 알리는 차임벨도 없었다. 그래도 지역사회 섬김에 우선순위를 두었다.

이때 제일 먼저 한 일이 동네 청소였다. 장년 새벽기도회를 마치고 나서, 교회 초등학생들과 2부 새벽기도회가 끝난 후 빗자루를 가지고 온 동네를 청소했다. 그랬더니 지역 주민들이 교회에 관심을 갖기 시작했다. 그리고 이듬해인 1985년도 설날에는 한복을 입고 동네의 70세 이상 어르신들을 방문하여 세배를 드렸다. 그랬더니 그때부터 동네 버스 정거장에서 만나면 필자에게 먼저 인사하는 분들도 생겼다.

그해 봄에는 교회의 무너진 담장을 쌓기 시작했다. 일꾼들을 동원해서 돌로 담장 아래쪽을 쌓았는데, 안쪽에는 경운기로 모래를 100번 정도 날라서 채워야 했다. 첫날 우리 교회 성도들이 경운기로 두 번 정도 퍼다 부었다. 그 당시 성도가 20여 명이었는데 남자는 한 사람밖에 없었다. 그런데 이튿날이 되자 동네에 있는 경운기란 경운기가 거의 다 나와서 모래를 싣고 교회 담장 쪽으로 줄을 서고 있었다. 이때 동네 유지 한 분과 나눈 대화를 지금도 잊을 수가 없다.

필자: 어떻게 모래를 이렇게 싣고 오셨어요?
동네 유지: 전도사님, 동네 일이 교회 일이고, 교회 일이 동네 일이지 않습니까?

그 순간 필자는 교회가 지역사회를 섬긴 열매가 이렇게 나타난다는 걸 깨닫게 되었다. 그해 가을에는 동네 부녀회와 함께 계명대학교 이형득 박사를 강사로 모시고 '행복한 가정과 상담'을 주제로 가정생활 세미나를 열었더니, 동네 대부분의 여성들이 참석했다. 그때 참석한 동네 여성들이 점심 식사를 함께 나누며 너무나 행복해하던 모습도 기억이 난다.

그다음 해인 1986년 겨울에는 부흥회를 열었는데, 대구 일광교회 권기동 목사님을 강사로 모셨다. 권 목사님은 기도를 많이 하시는 분으로 알려져 있었다. 부흥회에 동네 노인회 회원분들을 초청하려고 노인회 회장님을 만났다. 그리고 "회장님, 교회에서 선물을 해드리고 싶은데 말씀만 하십시오"라고 하자, 회장님은 "교회가 아무것도 없을 텐데 뭘 해주겠다고 하십니까?"라고 반문하셨다. 사실 1984년 한 해 결산이 당시 185만 원이었고, 필자의 사례비는 매

경북 상주 신암교회 어린이들과 함께(1987년 봄)

달 5만 원에 불과했다. 그래도 마침 아내가 동네에서 가까운 신동초등학교에서 교사로 일하고 있어서 생활에 큰 어려움은 없었다.

노인회 회장님은 "선물을 주시려면 카세트 녹음기가 좋겠습니다"라고 했다. 그래서 바로 사다 드렸는데 필자의 사례비와 같은 액수인 5만 원이 들었다. 그리고 나서 며칠 후부터 시작된 부흥회에 교인들은 20여 명인데 동네에서 온 분들과 함께 모두 100여 명이 참석해서 교회당이 꽉 찼다. 헌금 시간도 가졌는데, 어떤 분들은 '헌금'이란 단어를 몰라 봉투에 '부조금'이라고 써서 내기도 했다. 부흥회가 끝나고 나니 '부조금'이 12만 원이 들어왔다. 5만 원짜리 카세트 녹음기를 선물로 드리면서 동네 어르신들을 부흥회에 초청하고 섬겼더니 12만 원으로 돌아왔다. 이때부터 교회가 하는 일에 하나님께서 함께하심을 경험하면서 하나님께서 동행하신다는 믿음이 더 강해졌다.

1984년 10월 21일부터 1988년 6월 29일까지 3년 8개월간 맡았던 신암교회 목회는 너무나 행복했다. 교회도 부흥이 되어 45여 명의 성도가 모이고, 재정은 1년 결산액이 1,200만 원 정도로 커졌다. 그래서 평생 농촌목회를 하고 싶었다. 교회 나오는 성도는 양이요, 안 나오는 지역주민은 준양으로서 앞으로 나올 수 있는 분으로 알고 잘 섬기려고 노력했다. 안 믿는 가정의 결혼식과 장례식에도 찾아가 섬겼고, 장학금을 통해 학생들을 섬겼으며, 동네에서 무슨 행사라도 있으면 음료수라도 사서 달려갔다. 지역사회를 섬기면서 지역주민과의 관계가 만들어졌고, 그것이 복음을 전할 수 있는 관계로 발전했다. 그래서 농촌목회가 너무 재미있어서 평생 농촌목회를 하면서, 나중에는 농촌목회자훈련원을 세워서 농촌목회자를 세우는 일을 하고 싶었다.

부산 우암동 운화교회로 사역지를 옮기다

1988년 5월에 친구 목사의 소개로 우암동에 있는 운화교회를 방문하였다. 가난한 동네 주민들이 함께 사용하는 공동 화장실이 교회 입구에 있었는데, 화장실 냄새가 마치 구수한 된장찌개 냄새처럼 코에 와 닿았다. 도시인데도 농촌교회보다 더 어려운 지역에 교회가 있었다.

그 후 신암교회로 다시 돌아가서도 기도만 하면 계속 부산 빈민촌의 운화교회가 눈앞에 어른거렸다. 이를 피하지 못해서 결국 신암교회를 떠나 운화교회 부

부산 우암동 운화교회

교역자(전도사)로 부임하였다. 교회 목회와 함께 가난한 동네를 섬기는 것이 필자의 목회에는 매우 중요했다. 지역사회를 섬기는 사역은 농촌이나 빈민촌이나 아파트촌이나 모두 중요하다.

부산 우암동 운화교회에서 사역한 8년 6개월 동안은 심방 목회에 집중했다. 동네에 가난한 학생들이 많아서 그들을 도와주려고

동사무소를 통해 받은 명단과 구제금을 가지고 찾아갔을 때 학생들의 얼굴이 어두운 것을 보고 '아차' 싶어서 나중에 장학금을 가지고 다시 방문했더니 환한 얼굴로 변하는 모습을 보았다.

부산 우암동 운화교회에서 있었던 주일학교 졸업식

부산 우암동 운화교회에서 새가족 환영

운화교회가 해운대로 이전하다

우암동 운화교회 목회는 행복했지만 다만 제자로 삼을 사람들이 적어서 늘 아쉬웠다. 그러던 중 1996년 11월 첫 주일에 부산 해운대구 신도시 아파트촌으로 교회를 이전하게 되었다. 아파트 단지가

필자 부부

한창 세워지는 중이라 많이 전도할 수 있었고, 그래서 제자로 삼을 수 있는 성도들이 많아져서 양육하는 일에 힘을 쏟았다.

그 후 2003년에 미국에서 오신 밥 모피트 목사님과 대로우 밀러 목사님으로부터 DNA 사역을 배우면서 체계적인 지역사회 섬김 사역에 눈을 떴다. 중요한 것은, 많은 재정이 아니더라도 우선 가지고 있는 자원으로 지역사회를 섬겨야 한다는 것이었다.

처음에는 노인정을 방문해서 노인분들에게 필요한 것을 찾았는데, 청소, 식사 섬김, 간식 등도 좋아하지만 그보다는 대화나 함께 노래하고 춤추는 것을 더 좋아하셨다.

그래서 노인정 회장님들과 의논한 후에 노인대학을 열었다가 나중에는 청춘대학으로 바꾸었다. 노인분들은 대부분 불교 신자였는데, 초기에는 식사, 섬김, 컴퓨터, 노래, 외국어, 운동, 미용 등으로 섬겼고, 나중에는 찬송가도 함께 부르고, 복음도 전했다. 이렇게 15

부산 해운대 운화교회 전경

년간 운영했던 청춘대학은 코로나바이러스 유행으로 문을 닫고 말았다.

코로나바이러스가 유행하기 5년 전에, 독거노인을 중심으로 부활절이 지난 화요일에 '삼계탕 데이'를 했는데, 무려 1,200여 분이 오셔서 매우 즐겁게 식사를 하셨다. 이 일을 운화교회에서 3년 정도 하다가, 필자가 해운대기독교연합회장을 하면서 해운대기독교연합회를 중심으로 함께 삼계탕 데이를 섬기고 있다. 이 일로 해운대의 교회들이 연합해서 지역사회를 섬기는데, 나중에는 여기에 시청과 구청도 함께 하게 되었다.

이런 경험이 인도 선교에도 매우 큰 도움이 되었다. 필자가 인도인 동역자와 함께 하는 선교는 5가지 사역이 하나로 이어진 선순환 사역 모델이다. 처음에는 섬김 사역인 DNA 사역으로 시작한다. 이 섬김을 통해 지역 주민들과의 관계가 친밀해지면 이것이 전도, 제자 양성, 교회 개척으로 이어지고, 여기서 배출된 교회 지도자는 BTS신학교에서 신학 교육을 받은 후 다시 교회로 돌아가거나 새로 개척을 하게 된다. 신학교는 신입생 숫자에 대한 걱정이 없는데, 선

운화교회를 섬기는 장로들과 함께(중앙이 필자)

교 현장에서 길러진 지도자들이 신학교로 계속 오기 때문이다.

신학교에 오면 신학 교육과 함께 선순환 사역 모델로 현장 사역 훈련도 받게 되어 졸업 후에 바로 현장으로 나간다. 예를 들어 이슬람 지역이든, 힌두교 혹은 불교 지역이든 일단 간단한 섬김 활동부터 시작한다. 먼저 사역팀이 동네에 가서 청소를 깨끗이 하면 동네의 종교 지도자들이 나와서 왜 청소를 하느냐고 묻는다. 그러면 좋은 소식을 전하고 싶어서라고 대답한다. 좋은 소식이 뭐냐고 물으면 먼저 명확하고도 충분하게 복음을 설명한다. 그러면 늘 그런 건 아니지만, 그 종교 지도자가 먼저 믿게 되거나 믿지 않아도 긍정적으로 생각하는 경우 그 지역에서 복음을 전해도 좋다고 허락한다. 때로 그 지역에 자연재해가 생기면 구호물자를 가지고 들어가서 돕고 전도를 허락받는 경우도 있다. 여기서 교회 개척으로 이어지는데 처음에는 가정교회나 셀교회로 시작한다.

현재 운화교회를 섬기는 셀리더십인 마을장들과 함께(좌측 두 번째가 필자)

　인도 선교를 할 때, 인도의 동역자인 피터 티우마이 박사와 함께 기도하며 고민하다가 선순환 사역 모델을 개발하게 되었다. 이 사역에 성령의 기름 부으심이 임해 지난 10여 년간 무려 1,000개가 넘는 교회를 개척했다. 이 모든 일은 현지인들이 자립하여 만들어 낸 열매이다. 운화교회는 피터 선교사의 생활과 사역만 후원했을 뿐이고, 나머지 교회 개척은 모두 피터와 그의 제자들과 또 다른 제자들이 스스로 만들어 낸 결과이다.

　선교지에 재정을 너무 많이 보내면 선교사가 하나님보다 재정을 의지하기 쉽다. 오히려 조금 모자란 듯 재정을 보내면서 하나님을 의지하게 하고, 또한 사람을 세우는 일에 집중해서 제자들을 양육하게 하면, 하나님이 이 제자들로 또 다른 제자들을 세우게 하시고, 이들 위에 성령의 기름 부으심을 허락하시어, 전도와 교회 개척이 강력하게 이루어진다. 이것은 예수님께서 제자를 세우신 방식이고, 사도 바울이 제자를 재생산한 방식이기 때문에 열매가 풍성할 수밖에 없다.

인도와 그 주변 나라는 미전도 종족들이 가장 많은 곳이어서 복음을 전해야 할 지역들이 너무 많다. 인도, 네팔, 부탄, 티베트, 미얀마, 방글라데시, 스리랑카 등이 여기에 속한다. 이 모든 지역을 예수 그리스도 앞으로 인도하기 위해서는 사람을 세우는 선교, 제자를 재생산하는 선교가 중심이 되어야 한다. 신학교는 이런 제자들을 세우는 제자를 양성해야 하고, 이런 제자들이 복음을 전하고 제자를 세우고 교회를 세울 때 세계 복음화가 가능해진다.

그동안 수없이 고뇌하면서 개발한 이 선순환 사역 모델이 한국 교회의 선교에 조금이라도 기여하길 소망한다. 이 책이 해외 선교를 하는 교회와 선교지에 계신 선교사들에게도 도움이 되기를 바란다. 또한 평신도들도 이 책을 읽으면 선교에 눈을 뜨게 되고, 선교의 핵심은 사람을 세우는 것임을 이해하게 될 것이다. 땅끝까지 천국 복음이 속히 전해져서 주 예수 그리스도께서 속히 오시길 기도한다. 마라나타! 주 예수여, 어서 오시옵소서!

필자 부부(좌측 2인)와 피터 선교사 부부(중앙 2인), 우측은 BTS신학교에서 지역사회 섬김 사역(DNA)과 지역사회 개발 선교(CHE)를 강의했던 민요섭 선교사

부록

부록1. 이현국 목사와 피터 티우마이 선교사의 대화록
부록2. 제자 및 교회 개척 현황(2014~2024년 5월 현재)
부록3. BTS신학교 주도의 개척 교회 현황(2014~2024)

부록 1
이현국 목사와 피터 티우마이 선교사의 대화록

다음은 2009년 6월 4~6일에 필자와 인도 선교 동역자인 피터 티우마이 선교사가 나눈 대화 내용이다. 피터 티우마이 선교사에 대한 필자의 멘토링이 어떻게 시작되었는가를 소개하기 위해 그대로 옮겨 놓았다. 이제 와서 보니 놀랍게도 당시 나눈 대화 내용들이 대부분 성취된 것을 확인할 수 있다. 본문에 C 신학교와 관련된 내용이 나오는데, C 신학교는 당시 피터 선교사가 학감으로 일하던 중 필자의 교회와 관계가 끊어졌고, 피터 선교사는 부득이하게 그 학교에서 떠나게 되었다. 이런 연유로 그 신학교의 본래 명칭 대신에 C 신학교라는 명칭으로 수정하였음을 밝혀 둔다. 이 외에는 원문 그대로 수록하였다.

-필자 주

- 기간: 2009년 6월 4~6일
- 장소: 운화교회 이현국 목사 목양실
- 통역 및 정리: 민요섭 선교사

♠ 피터 티우마이의 학업, 사역, 비전

- **신상**
  - 미혼, 남, 35세
  - 가족: 부모, 9남매(6형제+3자매), 부친은 교회 순회 전도자, 3형제와 1자매가 결혼
  - 출신: 나갈랜드(Nagaland)
  - 기독교 가정에서 태어남

- **학업 과정**
  - C 신학교 4년
  - Baharat Bible College(South India) 신학석사 4년
  - Landmark Baptist College & Seminary(Orlando, Florida, USA.) 신학박사 3년
    - 첫 2년간 코스워크(이 기간에 매주 교회에서 결손가정 및 문제 초등학생들 대상 사역 병행), 3년차에 1년간 교회 탐방 조사(뉴욕과 애틀랜타)
    - 이후 2년 안에 논문 작성 완료하면 학위과정 완료.
    - 이 학교에 가게 된 이유: 먼저 시카고 트리니티신학교에 입학을 신청했으나 비용이 부족해서 갈 수 없었는데, 트리니티신학교에서 5천 불만 내면 공부할 수 있는 다른 학교를 추천해 주어서 가게 되었음
  - 논문 주제: 인도 동부 지역의 은사 운동과 정령 숭배와의 비교 연구
    - 이 주제를 정한 이유: 인도 동부 지역에서는 오랫동안 장로교와 침례교 선교가 이뤄져서 서로 연합하여 힌두교와 이슬람을 향한 선교 활동을 해왔다. 그러나 1970년대 은사 운동이 들어

온 뒤로, 은사 운동을 통해 일어난 각종 이적들—방언, 축사, 신유, 넘어짐 등—에 대한 교회들 간의 의견 차이로 장로교회들 간에 분열이 일어나고 침례교회들 안에서도 분열이 일어나, 은사 운동을 추종하는 교회들과 추종하지 않는 교회들로 분열되었다. 이 분열로 인해 더는 과거와 같은 연합을 통한 선교 활동이 일어나지 않게 되었다. 따라서 박사 논문을 통해, 이적들이 성령에 의한 것인지, 비성경적인 것인지 나타나는 각종 현상들을 분석하여 명확한 성경적 판단의 기준을 교회들 앞에 제시하고, 분열된 교회들 간의 연합을 유도하여, 다시 과거와 같이 더욱 활동적인 선교 활동이 일어나도록 돕고자 한다.

* 참고: Landmark Baptist College & Seminary의 교수들은 모두 목회나 선교 현장에서 20~40년간 사역한 후 은퇴한 사람들이다. 이 학교에 있는 동안, 그동안 머리로만 배운 것들을 가슴으로 느끼고, 행동으로 옮기는 방법을 배웠다.

■ **향후 사역에 대한 비전**

1) 먼저, 인도의 29개 주(province) 모두에 제자훈련센터를 1개씩 세워서 제자들을 훈련시켜, 인근 10~15개 지역(county)에서 동일한 방식으로 배가시켜 훈련센터를 세워나가도록 한다.
2) 그다음 티베트, 네팔, 부탄, 방글라데시, 미얀마 등지에서 동일한 방식으로 확산시킨다.

■ **제자를 세우는 전략**

  1) 셀리더로 훈련시켜 나가서 교회를 개척하도록 한다.
  2) 정기적으로 일정 장소에서 콘퍼런스와 세미나를 열어 돌아와서 보강 훈련을 받도록 한다.
  3) 강한 교회들이 약한 교회들과 새로 시작하는 교회들을 돕도록 한다.

■ **이현국 목사의 제안**

  이현국 목사: 성경신학, 실천신학, 선교신학 세 분야에서 3명의 인재를 키우는 일에 후원하고 싶다. 그런데 이들이 먼저 현장 경험을 통해 자질이 입증되면 다시 각 분야를 공부하여, 그들이 다시 각 분야에서 3명의 동일한 제자들을 키워 나갈 수 있으면 좋겠다. 가능하면 젊은이들을 세우면 좋겠다.

  피터 티우마이: 좋다. 가능하다. 성경신학 분야는 후보자들이 좀 있는데, 나머지 분야는 찾아보아야 한다. 현재 선교신학 분야에 한 분이 있으나, 연령이 70대가 다 되어 해당이 안 된다.

■ **질문과 대답**

  * 배가에 대해
   이현국 목사: 배가에 대해 어떻게 생각하는가?
   피터 티우마이: 성경적이다. 바울도 그렇게 했다. 디모데를 훈련시키고, 디모데가 또 다른 제자를 키우도록 했다. 이와 같은

배가가 일어나지 않으면 제자도 교회도 쇠퇴한다.

* 3자 정책에 대해

  이현국 목사: 한국에 최초의 교회가 소래에 세워졌다. 당시 2명의 장로가 교회당을 건축하는 데 미국 선교사가 후원하겠다는 것을 거절했다. 이처럼 한국 교회는 3자 정책을 통해 교회도 부흥했고, 사회적으로도 큰 영향을 미쳐 경제도 빠른 속도로 성장했다. 이에 대해 어떻게 생각하는가?

  피터 티우마이: 잘했다고 생각한다. 3자 정책은 성경적이고, 하나님이 역사하실 것이므로 적극 동의한다.

* 건물을 세우는 데 대해

  이현국 목사: 신학교 등 건물을 세우는 데 대해 어떻게 생각하는가?

  피터 티우마이: 건물을 세우는 것보다 사람을 세우는 것이 더 중요하다. 사람을 먼저 세우고, 그들이 나중에 필요하면 건물을 세우게 해야 한다.

* 자립 정책에 대해

  이현국 목사: 내가 시골에서 처음 목회할 때, 열심히 사역해서 3년 후에 교회도 부흥하고, 재정적으로도 자립했다. 그리고 지역사회 사람들을 열심히 섬겨서 지역사회와 좋은 관계를 맺었으며, 이를 통해 사람들이 예수님을 믿게 되고, 불신자들이 헌금하는 일도 있었다.

  피터 티우마이: 자립해야 한다. 인도에서도 그런 일이 일어날 것

으로 생각한다. 지역사회를 섬기는 일은 당연히 해야 한다. 미국에서 공부하는 동안 지역사회 아이들을 섬기면서 그것을 경험했다.

* 지역사회를 섬기는 일에 대해

    이현국 목사: 교회가 지역사회를 섬기는 일에 대해 어떻게 생각하는가?

    피터 티우마이: 적극 찬성한다. 미국에서 공부할 때, 주말마다 지역사회에서 어려움이 있는 아이들을 버스로 교회로 데려가 성경 공부를 시키고 집으로 데려다주었고, 어려운 아이들 가정을 방문하여 음식을 제공하는 등 도움을 주는 일을 했다. 이 일을 통해 그동안 머리로만 배운 성경과 신학을 가슴으로 느끼고 행동으로 실천하는 것을 배웠다.

* 신학교의 성격에 대해

    이현국 목사: 신학교에서 너무 이론만 가르친다. 실제 사역 경험을 갖도록 지식과 실천 경험이 조화되어야 하는 것이 아닌가?

    피터 티우마이: 맞다. 신학교는 지식만 가르치지 말고, 제자훈련 센터가 되어야 한다.

* 현장 사역 경험의 필요성에 대해

    이현국 목사: 교수도 좋지만 먼저 현장 사역 경험을 갖거나, 교수 사역을 하면서도 목회 등을 해야 하지 않겠는가?

    피터 티우마이: 찬성이다. 나도 공부가 끝나고 현장 사역을 먼저 하고 싶다고 D 총장에게 요청했으나 허락을 받지 못했다. 지금

이라도 여건이 된다면 그렇게 하고 싶다. 총장에게 요청해 주시면 감사하겠다.

이현국 목사: 학생들 훈련을 위한 실제 교회 현장의 확보는 어떻게 할 수 있는가?

피터 티우마이: 인도의 카스트 제도로 인해 학생들의 현장 훈련을 위한 교회들을 확보하는 데 어려움이 있다. 사람들은 동일한 카스트가 모이는 교회만 가기 때문이다. 그래서 카스트마다 교회를 세워야 하는데 이것이 어렵다. 연구가 필요하다(참고로 나갈랜드는 카스트 제도가 전혀 없다).

* 셀교회, DNA 훈련에 대해

이현국 목사: 성경적, 신학적 훈련을 통해 지식을 갖는 것도 중요하지만, 효과적인 실천 전략을 갖는 것도 중요하다. 복음이 포도주라면, 실천 전략은 부대에 해당한다. 특히 새 부대가 필요하다. 내가 보기에 셀교회, DNA 사역 등은 효과적인 새 부대에 해당한다. 이런 훈련을 받는 것에 대해 어떻게 생각하는가?

피터 티우마이: 목사님 의견에 찬성한다. 훈련받을 기회가 주어지면 훈련을 받아서 사역과 학생 훈련, 졸업생 훈련에 반영하겠다.

* 참고: 나가(Naga) 민족(나갈랜드)
  −인구: 약 300만 명
  −분포: 나갈랜드, 마니풀, 아쌈 등 인도 전역에 거주

♠ 선교 정책, 비전 2020, 보고

- **C 신학교 졸업생 현황**
    - 1996~2009년 졸업생 400~500명
    - 2006년까지 활동적으로 사역 중인 목회자 150명(이중 20명은 선교사)
    - 목회자 활동 지역은 미조람(2), 마니풀(50), 나갈랜드(15), 아쌈(3), 오릿사(2), 방갈로(3), 자무(1) 등이며, 선교사 활동 지역은 네팔(6~7), 미얀마(20~30) 등이다.

- **C 신학교 현황**
    - 학과: 성경신학, 실천신학, 선교학, 종교학(타 종교), 교육학, 교회역사

- **신학교 운영 방향**

    1. 제자훈련 형식으로 변화시킨다.
        - 기존의 지식 중심 교육에서 이론과 실천이 함께하는 방향으로 운영한다.
        - 피터 티우마이가 학교 커리큘럼을 맡고 있어서 원하는 대로 할 수 있다.

    2. 전인적 교육과 실천이 일어나도록 한다.
        - DNA, 행복코스 등을 커리큘럼에 넣어서 학기 중에 학생들에게 훈련시킨다.

- 인근 지역사회에 나가 이를 실천하게 한다.
- 인근 교회와 협력하여 교인들을 훈련시켜 함께 진행한다.
- 이를 위한 피터 티우마이의 훈련 계획
  피터 티우마이는 인도 내에서 DNA, 행복코스 등을 훈련받을 수 있는지 돌아가자마자 일정을 조사하고, D 총장과 의논해 본 후, 훈련 일정을 이현국 목사에게 통보하기로 했다. 만약 훈련 비용이 필요하면 이 목사에게 요청하기로 하였다.

3. 기존 교수들의 훈련
- 현재 15명의 교수들이 현장 경험(3~4년)을 하게 하여 이론과 실제를 겸하게 하는 것은 피터 티우마이의 소관이 아니어서 어떻게 할 수 없다.

4. 피터 티우마이와 신학교와의 관계
- 앞으로 학교 운영과 관리는 D 총장이 관장하되, 제자훈련과 전인 사역은 피터 티우마이가 관장하도록 한다.
- 이현국 목사는 피터 티우마이가 학교에 계속 남아서 학생들을 이론과 실제를 겸비한 제자로 만드는 일과, 졸업생과 선교사들을 훈련시키는 일을 동시에 해주기를 요청하였다. 동시에 장기적으로 학교 운영뿐 아니라 졸업생들과 선교사들을 위한 제자훈련까지 모두 책임져 줄 것을 희망하였다.

5. 건축은 줄이고, 사람을 세운다.
- 사람을 세워서 그들을 통해 건축이 이루어지도록 한다.

■ C 신학교 졸업생을 위한 훈련 계획

졸업생들을 어떻게 재생산하는 제자로 세워 재생산하는 교회를 세우고, 전인 사역을 실시하는 사역자로 세울 것인가?

1. 동문들을 조직화한다.
   - 동문들 중에서 임원을 세워 연락망을 구축한다.

2. 훈련 계획을 세워 훈련 프로그램에 참석하게 한다.
   - 금년 12월에 1개월 훈련 과정을 실시할 계획이다.

3. 정기적으로 방문하여 배운 대로 실천하고 있는지 평가하고, 멘토링하며, 코칭한다.

■ 제자훈련센터 건립 및 훈련

졸업생과 선교사 훈련을 위해 기존 신학교 외에 별도의 제자훈련센터가 필요하다.

1. 시킴(Sikim)주에 제자훈련센터를 세워 졸업생과 선교사들을 훈련한다.
   - 기존 졸업생들 중 사역하는 150명(선교사 20명 포함, 2006년 통계)을 대상으로 동문회를 조직하고 연락하게 하여, 시킴에 와서 1~2개월씩 훈련받게 한다.
   - 시킴은 네팔, 부탄, 미얀마, 방글라데시, 중국 등과 가까워서

선교사 훈련지로 적합하다.
- 센터 건립은 처음부터 건물을 세우지 말고, 우선 현지에 교회를 개척하여 훈련 장소를 확보한 다음, 북부 인도 지역에서 사역하는 동문들 20~30명의 소규모 인원을 모아 훈련하고, 3~4년간 실시해 본 후 참석 인원이 점차 많아지면 센터 건물 건축을 고려해 본다.

2. 인도 내 중부와 남부 지역 목회자들은 마드라스, 콜카타(캘커타) 등에 훈련센터를 마련하여 훈련한다.
- 현지의 큰 교회와 협력하여 훈련센터로 활용한다.

■ 후원 및 송금

제자훈련 프로그램 운영이나 DNA, 행복코스 등 훈련을 위한 재정 후원의 경우, D 총장에게 직접 보내되, 용도를 지정하여 별도의 지정 헌금으로 보내 주면 좋겠다(즉, '피터 티우마이의 훈련을 위한 헌금'으로). 이렇게 하는 것이 D 총장과의 관계도 잘 유지하고, 자신의 일도 할 수 있다.

■ 개척한 교회의 자립

1. 인도 내에서 개척하는 경우 자립하기까지 초기 3년 정도는 후원이 필요하다. 단, 나갈랜드의 경우 후원이 전혀 필요 없다. 자립이 빠르기 때문이다.

2. 선교사의 경우 자립하기까지 3년 이상의 후원이 필요하다. 방글라데시, 네팔, 미얀마, 부탄, 중국 등은 인도보다 경제적 환경이 열악하고 선교에 적대적인 타 종교(이슬람, 불교) 지역이기 때문이다.

■ 비전 2020

2020년까지 현지인 선교사 2,000명을 파송하는 비전을 어떻게 성취할 수 있는가?

1. 기존 신학교를 중심으로 하는 방법(당장 시작할 수 있는 일)
   - 기존 신학교 교수 사역을 하면서 동문회를 조직하여 제자훈련 사역을 한다면, 2020년까지 1,500명의 선교사 파송이 가능하다.
   - 500명을 제자훈련하고 DNA 등을 훈련시켜 개인당 3명씩의 제자를 세운다면 가능하다.
   - 그러나 이 일을 위해서는 학교에 쏟는 시간을 최소한으로 해야 한다. 두 가지 일을 다 하기에는 시간과 역량에 한계가 있다.

2. 제자훈련센터를 중심으로 하는 방법(당장 시작할 수 없는 일)
   - 만약 신학교 사역을 하지 않고 별도로 제자훈련센터를 세워 제자훈련하는 일에 전념한다면, 2020년까지 2,000명의 선교사 파송이 가능하다.
   - 시킴(인근의 선교사 파송이 용이한 지역)과 기타 다른 도시에 작은 셀 훈련센터를 세워 훈련하면 가능하다.
   - 그러나 이 일을 위해서는 D 총장이 허락해 주어야 한다.

- 피터 티우마이는 D 총장의 피고용인이기 때문에 그의 지시를 따라야 한다. 그러나 이현국 목사가 D 총장에게 요청한다면 가능할 것이다.
- 훈련센터 운영에는 초기에 적어도 2명의 스태프가 필요하다(1-연락, 1-방문 등 동원).
- 믿을 만한 3명의 이름을 당장 댈 수 있는가? WIZOMOU(BANGALROE), TANDHUI(SIKIM), CHATANYA(BIJAWADA, ANDRA-PRADES).

※ 단, 2,000명 선교사 파송은 직접 파송과 간접 파송(후원금만 지원하는 경우)을 모두 포함하는 것이 좋을 것이다.
※ 이현국 목사는 피터 티우마이가 학교에 남아서 교수 사역과 제자훈련 사역을 함께 해주길 희망한다.

■ 훈련

1. 훈련 장소
   - 미얀마, 동북부 인도 지역의 목회자와 선교사는 C 신학교 활용
   - 네팔, 부탄, 방글라데시, 중국 지역의 선교사는 시킴에 세울 훈련센터 활용

2. 신학교 내 훈련 방법
   1) 교수 훈련
   2) 제자 훈련
   3) 선교사 재훈련

   1) 교수 훈련
      – 선교 현장 경험은 캠퍼스 내에서 실천해 보도록 한다.
      – 대상: 고등학교 힌두교 학생과 힌두교 교사 20명(전체 교사 30명), 기숙사, 고아원[세나파티-30명 교사(5~10명 힌두교 교사)]

   2) 학생 훈련
      – 인근 교회
      – 인근 지역사회, 시장

   3) 선교사 재훈련
      – 연말, 내년 초 학교로 초청
      – 훈련하여 실천하도록 격려
      – 리포트 요구, 감독 선정하여 방문 평가

■ 인도 내 제자훈련센터 설립 가능한 곳: 우선순위대로

1. 시킴: 네팔, 부탄 등 외국이 가깝고, 교회 개척하기에 좋으며, 달리트가 많음
2. 하이드라바드, 안드라프라데쉬: 수천 개의 미전도 종족 마을이 있음

3. 데라둔(DERADUN): 서북부, 인구 2억 5천만 명, 피터 티우마이의 형제 중 1명이 교회 사역 중
4. 오릿사: 1999년 호주 선교사 살해당함
5. 뉴델리: 위세낭교회와 협력 가능
6. 펀자브: 시크교 지역
7. 구자랏: 매우 힘든 지역, NARENDRA 주지사의 명령으로 개종 금지 법안이 통과되고, 2003년 180개 교회가 폐쇄됨
8. 챠티스갈(CHATISGARH): 기독교인이 전혀 없는 힌두교인 지역
9. 마드라스(타밀나두): 인구 7천만 명, 물가 비쌈
10. 뱅갈로우(KARNATAKKA): 인구 1,100만 명 중 400만 명의 기독교인
11. 뭄바이(봄베이) 외곽: 인구 2,300만 명, 마하라슈트라주, 이슬람, 힌두교, 기독교(1% 이하)
12. 라자스탄: 중부, 선교사 활동 별로 없음, 매우 더움

■ 선교 보고

1. 향후 분기별로 선교 보고를 한다.
   - 우선 당장 7월부터 선교 보고를 한다.

2. 20명의 선교사 활동 보고는 본국으로 돌아가자마자 준비하여 가능한 한 빠른 시간 내에 한다.

3. DNA, 행복코스, CHE 훈련 등의 참가는 본국으로 돌아가는 대로 훈련 일정을 조사하여 보고한다.

부록 2
제자 및 교회 개척 현황
(2014~2024년 5월 현재)

- 멘토: 이현국 목사
- 1세대 제자: 피터 티우마이 선교사(BTS신학교 학장, 인도 아쌈주)

2세대 제자 (시작 연도)	사역지	3~5세대 총 제자 수	교회 수(개)	훈련된 제자 수 (명)	총 신자 수 (명)	비고
트릴로찬 (2009)	오릿사	아이작 바릭 외 9명	50	100+		
탄투이 (2009)	다르질링, 실리구리	라메쉬, 수만 외 33명	150+	400+		다르질링 DTC 2018년, 실리구리 DTC 2022년 시작
응아 웅 (2009)	사가잉, 미얀마	마리원, 안카 외 30명	70+	100		
솔로몬 (2010)	다르질링	그린슨 외 20명	40+	70		

2세대 제자 (시작 연도)	사역지	3~5세대 총 제자 수	교회 수(개)	훈련된 제자 수 (명)	총 신자 수 (명)	비고
카일리낭 (2011)	푸샤파티, 네팔	비르바두르 외 35명	60+	100		
M (2014)	부탄 국경	룬, 가이싱 외 30명	17	65		J DTC 책임
엘리야 (2016)	아가르탈라	비스와나트 외 30명	25	70		인도 및 방글라데시
트릴로찬 (2009)	오릿사	아이작 바릭 외 9명	50	100+	500+	
탄투이 (2009)	소나다, 실리구리	라메쉬, 수만 외 33명	155+	400+	2,000+	실리구리 DTC 책임
응아 웅 (2009)	사가잉, 미얀마	마리원, 안카 외 30명	75+	100	1,500+	
솔로몬 (2010)	다르질링	그린슨 외 20명	46+	70	1,000+	
카일리낭 (2011)	푸샤파티, 네팔	비르바두르 외 35명	70+	100	700	
M(2014)	인도-부탄 국경	룬, 가이싱 외 30명	17	65	120+	J DTC 책임

2세대 제자 (시작 연도)	사역지	3~5세대 총 제자 수	교회 수(개)	훈련된 제자 수 (명)	총 신자 수 (명)	비고
엘리야 (2016)	아그라 탈라, 트리푸라	비스와나트 외 30명	30	70	800+	트리푸라 DTC 책임
스티븐 (2017)	네팔	박타 외 20명	58+	95	400+	네팔 DTC 책임
디펜드라 (2018)	카트만두, 네팔	산토쉬 외 7명	15	40	80+	다르질링 DTC 책임
T(2020)	미얀마	아예 외 다수	10	37	150+	미얀마 DTC 책임
존 라마이 (2020)	아쌈	7명	45+	70	300+	
라케쉬 굽타 (2022)	발리아, 우타르 프라데시	라자 외 3명	7	20	100+	
프라딥 (2023)	마드야 프라데시	독타 외 7명	7	20	400+	
란밤 룽 (2024)	차티 스가르	3명	5	10	200+	
무슬림 (2016)	디마풀	사이프 외	17	40	200+	이맘(무슬림 지도자) 포함

2세대 제자 (시작 연도)	사역지	3~5세대 총 제자 수	교회 수(개)	훈련된 제자 수 (명)	총 신자 수 (명)	비고
불교도 (2009)	부탄	찬드라 라마, 텐징, 롭상	12	30	150+	승려 포함
BTS 신학교 (2014)	중심 훈련센터, 아쌈	교수 및 스태프 15명	143*	300 (졸업생 전체)	8,290	이 항목의 구체적 통계는 부록 3에서 소개함
BTS 신학교 졸업생 (2014)	중심 훈련센터, 아쌈	300명 (졸업생 전체)	247**	(통계 없음)	17,290	졸업생이 청빙받아서 목회하는 교회도 포함
총계			1,009	1,567	34,180	

- **특기사항**

    1. 본 통계는 피터 티우마이 선교사의 제자들의 사역과 BTS신학교의 직접적인 교회 개척 사역(도표 안의 '*' 표시)을 모두 포함한 것임.
    2. BTS신학교 졸업생이 청빙받은 교회(도표 안의 '**' 표시)도 전체 수에 포함했음.
    3. 교회별 신자 수는 1,000명 이상부터 20명 이하까지 매우 다양함.
    4. 통계표에서 무슬림, 불교도 이외는 모두 힌두교 지역임.

부록 3
BTS신학교 주도의 개척 교회 현황
(2014~2024)

이 통계표는 부록 2에 포함된 BTS신학교의 사역 통계를 구체적으로 나타낸 것이다. 교회 목회자 이름은 안전 문제로 생략한다.

번호	지역	주요 종교	교회명	훈련된 제자 수 (명)	신자 수 (명)	개종한 타 종교 지도자 수(명)	자립 여부
1	나호르잔, 아쌈	힌두교, 모슬렘	베들레헴 교회	29	70+	힌두교 사제 1, 모슬렘 이맘 1	자립
2	인드센, 디마풀	힌두교, 기독교	브렌교회	14	50+	없음	자립
3	우라빌라, 디마풀	모슬렘	대사명교회	10	50+	힌두교 사제 1	자립
4	카니아, 아쌈	힌두교, 모슬렘	자친교회	17	80+	모슬렘 이맘 1	자립
5	발리잔, 아쌈	힌두교	연합침례 교회	8	50+	없음	자립
6	로리잔, 아쌈	힌두교	연합교회	20	100+	없음	자립

번호	지역	주요 종교	교회명	훈련된 제자 수(명)	신자 수(명)	개종한 타 종교 지도자 수(명)	자립 여부
7	보렝글리, 아쌈	불교	힌디교회	7	40+	불교 승려 1	자립
8	수칸잔, 아쌈	힌두교	수칸잔교회	15	80+	없음	자립
9	보르몬티, 아쌈	힌두교	보르몬티 교회	5	40+	없음	자립
10	푸르팅카, 아쌈	힌두교	푸르팅카 교회	20	70+	없음	자립
11	하종푸르, 아쌈	힌두교	하종푸르 교회	40	200+	힌두교 사제 3	자립
12	디푸, 아쌈	힌두교	실로교회	10	50+	없음	자립
13	롱롱, 아쌈	힌두교	롱롱교회	22	120+	힌두교 사제 2	자립
14	케로니, 아쌈	힌두교	케로니교회	15	70+	없음	자립
15	호자이, 아쌈	모슬렘	(미공개)	7	40+	모슬렘 이맘 2	자립
16	다보카, 아쌈	모슬렘	다보카교회	13	60+	모슬렘 이맘 3	자립
17	나가온, 아쌈	모슬렘	(미공개)	3	20+	없음	미자립
18	바베타, 마니푸르	힌두교	바베타교회	8	40+	힌두교 사제 2	자립
19	모이랑, 마니푸르	힌두교	(미공개)	18	80+	없음	자립

번호	지역	주요 종교	교회명	훈련된 제자 수 (명)	신자 수 (명)	개종한 타 종교 지도자 수(명)	자립 여부
20	임팔, 마니푸르	힌두교	5개(미공개)	70	800+	힌두교 사제 10	자립
21	칼라바할, 마니푸르	힌두교	6개(미공개)	30	400+	힌두교 사제 8	자립
22	사기앙, 미얀마	불교	7개(미공개)	40	500+	불교 승려 3	자립
23	갈레푸, 부탄	불교	3개 가정교회	13	90+	불교 승려 2	자립
24	푼슬링, 부탄	불교	4개 가정교회	15	120+	불교 승려 2	자립
25	알리푸다르, 서벵갈	불교, 힌두교	5개 가정교회	24	300+	없음	자립
26	실리구리, 서벵갈	힌두교	8개 가정교회	27	450+	없음	자립 4, 미자립 3
27	다르질링, 서벵갈	힌두교, 불교	5개 가정교회	20	300+	힌두교 사제 3, 불교 승려 1	자립
28	타왕, 아루나찰프라데시	불교	3개 가정교회	5	70+	불교 승려 1	자립
29	티틸라가르, 오릿사	힌두교	3개 가정교회	17	200+	없음	자립

번호	지역	주요 종교	교회명	훈련된 제자 수 (명)	신자 수 (명)	개종한 타 종교 지도자 수(명)	자립 여부
30	시실랴, 안드라 프라데쉬	힌두교	3개 가정교회	8	300+	없음	자립
31	발리아, 우타르 프라데시	힌두교	2개 가정교회	4	50+	없음	미자립
32	러크나우, 우타르 프라데시	힌두교	갈보리교회	3	60+	없음	미자립
33	카티하르, 비하르	힌두교	2개 가정교회	6	70+	없음	미자립
34	푸르니아, 비하르	힌두교	(비공개)	7	100+	없음	자립
35	방글라데시	모슬렘	2개 가정교회	5	200+	없음	자립
36	카트만두, 네팔	힌두교	5개 가정교회	4	70+	브라민 3	자립 2, 미자립 1
37	포크라, 네팔	힌두교	4개 가정교회	3	200+	없음	자립
38	바갈룽, 네팔	힌두교	3개 가정교회	4	250+	브라민 4	자립
39	엘람, 네팔	힌두교	5개 가정교회	5	200+	없음	자립
40	자파, 네팔	힌두교	6개 가정교회	11	300+	없음	자립

번호	지역	주요 종교	교회명	훈련된 제자 수 (명)	신자 수 (명)	개종한 타 종교 지도자 수(명)	자립 여부
41	비타모드, 네팔	힌두교	8개 가정교회	30	400+	힌두교 사제 4	자립
42	자르칸드	힌두교	14개 가정교회	17	400+	브라민 2	자립 7, 미자립 5
43	마드야 프라데시	힌두교	7개 가정교회	6	250+	없음	자립 5, 미자립 2
44	디푸, 아쌈	힌두교	9개 가정교회	15	600+	없음	자립
45	골라갓, 아쌈	힌두	4개 가정교회	10	500+	없음	자립
합 계			143	680	8,290	60	자립 113, 미자립 30

MISSIONS TO EQUIP PEOPLE

A Story of Planting One Thousand Churches through One Disciple in India over Ten Years

Written by Pastor Hyun Kook Lee

Lead Pastor, Unhwa Church

SUMMARY

Mission is about people. In other words, missions are about making disciples—that is, making disciples of Jesus who then make disciples of Jesus, who then make disciples of Jesus, and so on. In this process, new churches are planted, and through these churches, disciples are made and sent out into the world again and again. In this way, mission starts with people, proceeds with people, and ends with people. No matter how much money you have, how excellent your projects are, how many buildings you construct, or how many people you gather, if you don't have people who are truly disciples, your ministry won't last long and its fruit will be limited. Therefore, "Making Disciple-Makers" should be the cornerstone of effective missions.

With this understanding of missions in mind, this book was written based on a true story from the mission field in India. This story demonstrates how a vision of making disciple-makers has become reality, resulting in the planting of numerous churches. This remarkable story is presented in the book through four chapters:

Chapter 1 tells the story of "disciple-making through mentoring" between Pastor Lee Hyun-Kook and his Indian mission partner, Dr. Peter Thiumai. It describes how Lee met Peter, built a relationship with him, and began mentoring him. Through this process, both men came to share the same vision and dream of "making disciples who make disciples" and planting churches among unreached people groups and in places without churches in India and beyond. This vision eventually led to remarkable results.

Chapter 2 focuses on how Peter raises up his Indian disciples. The chapter chronicles the journey that led Peter to start a seminary, how he developed his disciples, and the remarkable fruits that emerged from the discipleship process. Over a decade ago, he began discipleship training with a small group of young people in his rented house. This gradually developed into a structured seminary named BTS (Baptist Theological Seminary). Throughout this process, approximately 1,000 new churches and 6 Discipleship Training Centers were established in the least-reached regions of Northeast India, Nepal, Bhutan, and Myanmar.

Chapter 3 tells the story of Peter's disciples who equip other disciples in the field. While Peter's core disciples numbered about 40, this chapter highlights the work of six of them. As readers follow their stories, they can witness how these disciples trained peoples to become new disciples, along with planting new churches.

Chapter 4 introduces BTS Seminary and its ministry. This chapter briefly describes the current status of BTS and outlines four distinctive and effective approaches that the seminary employs, as follows:

1. Practicum-Oriented Theological Education

The goal of BTS is to reach the least-reached peoples through

"Developing Disciple-Makers." To achieve this, BTS designed a practicum-oriented education system, and accordingly, its curriculum, administrative management, and faculty selection process were all aligned with this goal. The seminary also focuses on enhancing students' ministry performance capabilities, including advancing ministry skills alongside teaching theological knowledge and forming spirituality. Its curriculum is structured as shown in the diagram below.

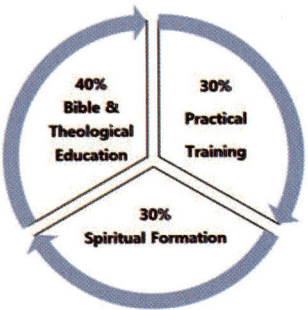

2. Seminary-Initiated Church Planting Ministry

BTS takes the initiative in preaching the gospel and planting churches. Generally, a seminary teaches students who, after graduation, go on to pastor existing churches or plant new ones. BTS, however, initiates church planting with students as part of their practicum coursework during their studies. They provide field-based ministry training through an "Education in Ministry" approach by engaging students in church planting ministry in the field during their schooling.

3. The 'Virtuous Cyclical Ministry Strategy'

BTS developed a "virtuous cycle ministry model" as its ministry strategy while working to plant new churches. This model is a seminary-initiated ministry strategy in which five basic ministry elements are organically interconnected. It represents a seamless integration of community service, evangelism, discipleship training, church planting, and theological training. What makes this model unique is that churches and BTS are closely linked together, bridging the gap that usually exists between churches and theological schools. These five components operate in a feedback loop through which people are discipled and new churches are born, providing the driving force behind the establishment of approximately 1,000 churches (see below).

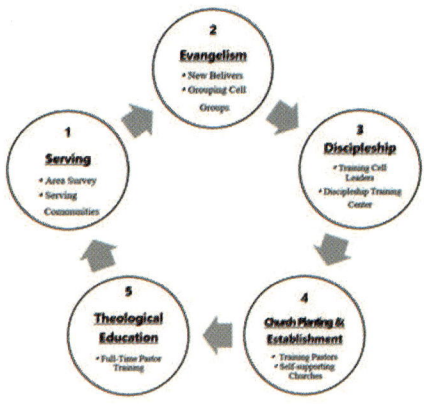

4. Discipleship Training Centers (DTCs)

BTS and Peter's disciples established 6 'Discipleship Training Centers' in 6 regions where they planted new churches. These centers are directed and managed by core disciples of Peter. They are easily accessible to local church leaders and flexible enough to offer various types of training courses. They provide short- and medium-term programs ranging from one week to couples of weeks to meet leaders' needs. When new church members desire a fulltime pastor, they send prospective pastors to BTS for advanced training and provide financial support, which is vital for establishing healthy churches.

In the early stages of the ministry cycle, BTS was the very

center of their operations. Currently, BTS, DTCs and newly planted churches work together as a collaborative network in reaching new target communities, nurturing new churches, and conducting leadership training programs (see the diagram). In the coming years, they plan to develop additional centers in different regions.

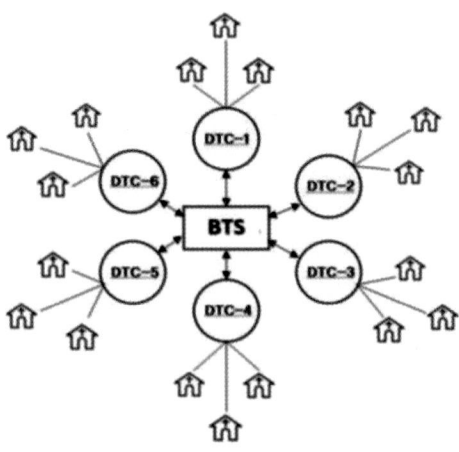

사람을 세우는 선교
현지인 한 사람 멘토링하여 10년 만에 1,000교회 세운 이야기

1판 1쇄 인쇄 _ 2025년 9월 10일
1판 1쇄 발행 _ 2025년 9월 15일

지은이 _ 이현국
펴낸이 _ 이형규
펴낸곳 _ 쿰란출판사

주소 _ 서울특별시 종로구 이화장길 6
편집부 _ 745-1007, 745-1301~2, 747-1212, 743-1300
영업부 _ 747-1004, FAX 745-8490
본사평생전화번호 _ 0502-756-1004
홈페이지 _ http://www.qumran.co.kr
E-mail _ qrbooks@daum.net / qrbooks@gmail.com
한글인터넷주소 _ 쿰란, 쿰란출판사
페이스북 _ www.facebook.com/qumranpeople
인스타그램 _ www.instagram.com/qrbooks
등록 _ 제1-670호(1988.2.27)
책임교열 _ 이화정·이주련

© 이현국 2025 ISBN 979-11-94464-98-3 03230

책값은 뒤표지에 있습니다.
이 출판물은 저작권법에 의해 보호를 받는 저작물이므로 무단 복제할 수 없습니다.
파본(破本)은 구입처에서 교환해 드립니다.